【評伝】

# 開放療法のパイオニア
# 精神科医
# 牧　武

Maki Takeshi

梅根　要　著

梓書院

九州大学医学部精神神経科
病棟医長を拝命して　34 歳

九州大学医学部精神神経科
外来医長を拝命して　33 歳

福岡牧心療クリニックにて　57 歳

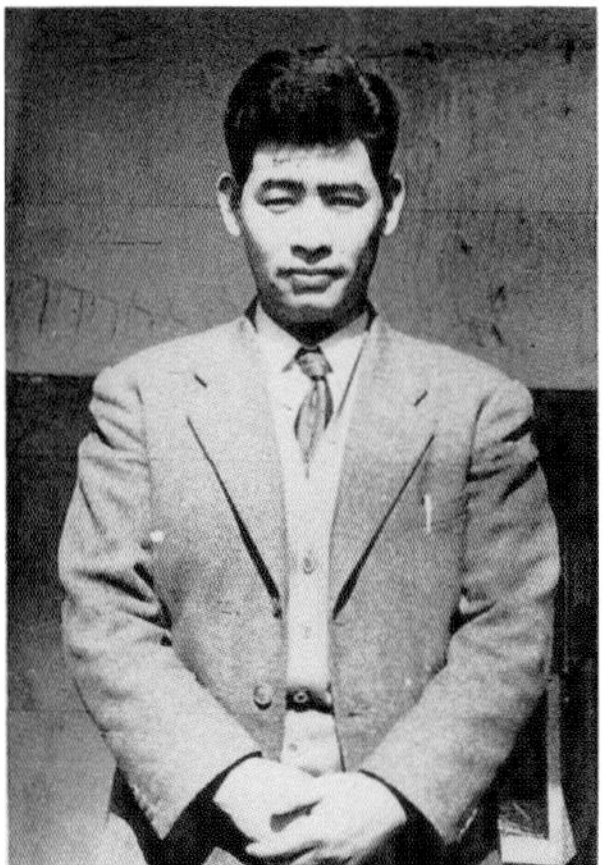

九州大学医局勤務時代　32 歳

藍綬褒章受章祝賀会（ホテルニューオータニ博多にて）　63 歳

藍綬褒章受章祝賀会でのスピーチ　63 歳

米寿のお祝い（ホテルニューオータニ博多にて） 88 歳

初夏の鎌倉山にて　妻和子と共に　92 歳（2020 年）

# 刊行に寄せて

第19代日本医師会会長　横倉　義武

私が地元大牟田医師会で地域医療に専念していた頃、当時の福岡市医師会長であった松田一夫先生主催の福岡医療問題研究会（月一回、中央から著名講師を招いて開催）において、白髪の大人物を思わせる方に声をかけられました。これが牧武先生との初めての出会いです。

先生と私の父は福岡県病院協会の仕事を通じて旧知の仲であり、海軍兵学校出身の先生と海軍軍医であった父との話題で一気に盛り上がり、以来、長年に渡り懇意にさせていただいております。

私が日本医師会会長に就任してからは、主に、先生が名誉副会長を務める日本精神科病院協会の総会でお会いし、その深いご見識に触れることを楽しみにしてまいりました。

その牧先生が開設された牧病院は福岡県南の筑紫野市に位置し、太宰府天満宮にも近く、とても開かれた病院であります。先生が築いてこられた精神科医療における新たな開放療法を学ぶため、私は何度も足を運ばせていただきました。

今般、先生の評伝が出版されることは、誠に慶ばしく、心より敬意を表する次第であります。本書には、戦中戦後の厳しい時代を経験され、海軍兵学校を通じて培った強靭な精神力を礎に、あらゆる難局を乗り切り、いかに精神科医療の分野を開拓してきたかが生々しく綴られております。その生き様には只々圧倒されるばかりです。

わが国は令和の到来とともに人生百年時代を迎え、年々激甚化する自然災害やCovid19など、新たな課題、難題に直面しております。こうした折に、「開放療法のパイオニア」と言われる先生の激動の半生が時代を超えて語り継がれていきますことは、医療関係者のみならず多くの方々に多大な示唆を与えるものであると確信しております。

引き続き、後に続く世代のため、益々のご活躍を祈念申し上げます。

2020年（令和2）7月吉日

# はじめに

弱冠35歳という異例の若さで精神科病院を開院した精神科医・牧武は「患者を束縛することなく、また人間的に疎外することなしに、のびのびと一緒に付き合いながら治療していきたい」という考えから、精神病院の常套《じょうとう》であった閉鎖病棟を廃し、鍵をかけない開放病棟の中で、患者に寄り添った治療を貫いた。

海軍兵学校在学中に終戦を迎えた牧は、自分の将来は最高の学問を身に付けることで決まると決意し、以後、勉学一筋の青春時代を送る。

ナンバースクールの名門、旧制第七高等学校から熊本大学医学部を経て九州大学医学部大学院に進学。精神神経科に入局した牧は、脳生理研究室に籍を置き、ひたすら猫の脳の電気刺激による情動反応を見る実験を繰り返す日々を送る。大学院を修了した牧は医局に残り、臨床の経験を積み重ねながら、同時に開業の準備を整えていく。

1963年（昭和38）5月。福岡県筑紫野市永岡の一面茶畑の土地に、古びた木造の建物を移築して牧病院を開院する。周囲の者は、こんな人気のない辺鄙な土地で、しかも精神病院など建ててやっていけるのかと案じたが、牧は、この環境でこそ自分の理想が実現できると自信を持っていた。

病院は周囲の危惧を跳ね除け、1年を経たずに満床となる。だが牧はこれで留まることはなかった。「精神障害者を治すということは、患者をして、社会に適応できる力を備えた強い人格に再統合することだ。そのためには、精神療法的な働きかけが、常に根本にならなければならない」という牧の信念は、牧を次のステップへと突き動かす。

入院患者の大多数が20歳前後の統合失調症を患う若者であることから、そうした若者を早い時期に退院させ、社会復帰させるべく、「家族ぐるみの治療」「ナイトホスピタル」「サテライトクリニック」「心の電話─福岡」「デイケア」といった手法を駆使して、成果をあげていく。

物語は、開放療法のパイオニアとして「心の病を治す」という難題に真摯に取り組んだ男の人生を辿っていく。

【評伝】開放療法のパイオニア　精神科医　牧武

＊目次

## 第三章　その後の牧 武

章扉…移築した牧病院（牧武画）

# 第一章　生い立ち

## 同期の桜

その日の夕刻、牧は妻和子を伴って、大宮駅近くの中華料理店、東天紅を訪れていた。

２０１９年（令和元）の梅雨は記録的な長雨で、晴れ間を見ない日が何日も続いていた。その日も空はどんよりとした雲に覆われ、小雨がぱらついていた。

５日前、牧は清水晃に電話をした。月に一度の集まりである三木会《さんもくかい》に姿を見せなかった清水を心配してのことだった。三木会は、関東一円に居住する海軍兵学校第77期の同期生が集まる会で、原宿駅近くの東郷記念館の一階にあるクラブ水交で、毎月第３木曜に開かれていることからその名が付けられた。

クラブ水交は、主に旧帝国海軍士官及び海上自衛隊関係者が会員になっている公益財団法人水交会が運営する施設で、会員同士の親睦を深めるための宴会や会議に利用されている。

水交会は、1876年（明治9）に帝国海軍士官のために設けられた福利厚生施設水光社が、昭和20年の終戦とともに解散した後、昭和29年に名称を水交会と改めて新たに発足した。

牧と清水は共に91歳。毎回50人ほどが集まる三木会だったが、年を追う毎に出席者が減り、令和元年5月の集まりが最後の三木会となった。

電話口の清水は元気な声でよくしゃべった。三木会に出席しなかったのは、足の具合が思わしくなかったからだった。互いに近況を語りあうと、どちらからともなく近々会おうじゃないかという話しになり、清水が場所を指定した。

海軍兵学校時代、清水は江田島本校、牧は舞鶴分校でそれぞれ終戦を迎えた。その後、清水は旧制第一高等学校から東大というエリートコースを経て、大手商社に就職。戦後の日本の発展を担った商社マン一筋の人生を歩んだ。

牧は旧制第七高等学校から熊本大学医学部、九州大学医学部大学院を経て、精神科病院を開設。日本における開放療法のパイオニアとして貢献してきた。

旧制高等学校は、現在の学校制度では大学の教養課程に相当する。全国に39校あったが、明治期に創設された旧制一高から旧制八高までは、政官界に多くの逸材を送り込んだ実績から、特別に「ナンバースクール」と呼ばれた。

牧と清水が初めて会ったのは、清水が支店長として福岡に勤務していた頃に開かれた寮歌祭の時だった。寮歌祭は、旧制高等学校の卒業生が集まり、互いの寮歌を合唱しあって親睦を深める会で、清水は出身校旧制一高の寮歌「嗚呼《ああ》玉杯《ぎょくはい》に花うけて」を、牧は出身校旧制七高の寮歌「北辰斜《ほくしんなな》めに」を仲間と共に歌いあげた。

牧と清水の付き合いは、この日、互いが海軍兵学校の出身であることを知ってから始まり、寮歌祭や三木会で毎年会うようになる。

この日の夕食の席で清水が牧に「私が牧君より先に和子さんに会っていたら、君の人生は変わっていた」と言うと、牧はいつもの柔和な笑顔で受け流した。清水は牧夫妻と知り合って以来、連絡をとる時は、英会話教師をしている和子宛に、得意の英文でメールを送ってくるようになった。清水は才女の和子を気に入っているようだった。

後期高齢者の2人の男と、その一歩手前の女の3人の夕食は、互いの健康を喜び、笑顔で語り合う穏やかなひと時だった。

窓の外は雨があがり、大宮の夜景が輝いていた。

## 戦時下の青春

牧は1928年（昭和3）1月16日、大分県中津市で、3人兄弟の長男として生まれる。北部を周防灘に面する中津市は、古くは戦国武将黒田官兵衛（孝高）が築城した中津城の城下町として栄え、現在は中津城をはじめ、青の洞門や福澤諭吉旧居といった文化財や歴史的建造物、更には北海道の大沼、静岡の美保の松原とともに新日本三景の一つに指定されている景勝地、耶馬溪などがある観光地として知られている。

牧の父三平は、中津警察署で刑事をしていた。三平の実家は大分県大分市で明治11年創業の茶舗「若竹園」を営んでいる。牧の祖父である初代牧末太郎は大分市新貝に「牧新旭園」と名付けた店を開き、茶の他に椎茸などの乾物を販売していた。

二代目を継いだ末太郎の長男牧信吉は、店を大分市の中心部に移したが、昭和20年の空襲で店も家も全焼。しかし、終戦後間もない頃に近くの家屋5軒分を買い取り、商売を再開する。信吉の娘燿子と結婚して三代目を継いだ牧二郎は、商才を発揮し、小売り主体から卸へと目を向け、得意先を次々と開拓していき、店名も「牧若竹園茶舗」と改める。四代目は二郎の娘裕子の夫牧通が継ぎ、二郎の長男である牧信太郎が五代目を継いで現在に至っている。

現在の若竹園

牧の父三平は、牧末太郎の三男。柔道4段の三平は、警察に勤務する傍ら、中学校で柔道の講師をしていた。牧は5歳の頃から父に連れられ、中学校の生徒たちに交って父から柔道の手ほどきを受けていた。生徒たちは牧を弟のように可愛がり、わざと投げ飛ばされたりして牧を喜ばせていた。牧が父三平から柔道を習ったのは10歳頃までだったが、厳しく指導されたことはなく、常に優しい父親だったと記憶している。

母のヤスエは、背が高く体格が良かった。実家は中津駅前で旅館を営んでいた。絵を描くのが苦手だった牧は、教育に熱心だった母ヤスエに教えられ、見る見るうちに上達した。中学2年の時には、絵の教師から美術の道に進むように勧められる程になったが、牧は「絵ではメシは食えん」と教師の勧めを一蹴した。

牧は1934年（昭和9）4月、尋常小学校に入学する。

当時の学校制度は、尋常小学校（6年制）、高等小学校（2年制）、（旧制）中学校（5年制）と続き、その後、（旧制）高等学校、大学と続く。

このうち高等小学校は、尋常小学校にはない手工・実業・家事（女子のみ）が科目に加えられたが、旧制中学校の受験に失敗した生徒の受験予備校としての役割もあった。

牧が学んだ尋常小学校の6年の間、日本は1937年（昭和12）に起きた盧溝橋事件を発端に日中戦争に突入。国内では、昭和13年に国家総動員法が制定され、戦争目的なら国家は人的物的財産を自由にできるというとんでもない法律によって、国民は思想の自由を奪われ、軍国主義の下で戦争の勝利を信じて、日々の生活を送っていた。

そうした変化の中にあっても、小学生の牧の日常に変わりはなかった。牧は隣に住む4

歳年上のノリちゃんが縁側で勉強をしているのを見て、自分も縁側で勉強するのを日課にしていた。海軍兵学校に進んだノリちゃんこと月岡法典は、夏休みになると海軍の白い軍服姿で実家に帰郷した。その姿が牧の目に眩しく映り、憧れを抱いた牧が、後に海軍兵学校に進むきっかけの一つとなった。兄のように牧が慕っていた月岡法典は、1944年（昭和19）の台湾沖海戦で戦死する。

1940年（昭和15）4月。牧は旧制中学に入学する……はずだった。だが、自宅には不合格の通知が届いた。周囲はみな驚いた。家族も友人も、小学校の担任も校長も、誰もが、牧の合格を信じて疑わなかったからだ。牧が通った尋常小学校では、成績トップの生徒が不合格になるなどという事は、開校以来例のない、前代未聞の出来事だった。

納得のいかない校長は、不合格の理由を中学校に問い合わせたが、その返答は曖昧で、明確な理由は告げられなかった。

当時の中学校受験は口頭試問のみで、筆記試験はなかった。出身校から事前に提出された内申書と面接の結果で合否が決められた。受験生は講堂に集められ、呼び出されるまで、そこで待機させられた。この時牧は、同じ受験生だった知り合いの学生と雑談したり、ふざけ合ったりしていた。牧は秀才でありながら、一方で、ひょうきん・いたずら好きな一面があった。

戦時下の中学受験では、合格の基準が平和時の成績優先から、生徒の品行を重視するように変わっていた。後に牧は、待機中の自分の行儀の悪さが当時の合格の基準にそぐわなかったのだろうと述懐していた。

牧は、翌年の試験まで高等小学校に通った。そして、1941年（昭和16）4月。13歳の牧は無事、大分県立中津中学校に進学する。

当時、旧制中学校への進学率はわずか8％程だった。理由の一つが学費である。尋常小学校は義務教育で学費は無料だったが、中学校以上は学費制で、しかも高額だったため、進学できる生徒は限られていた。

ちなみに、当時の東京では、尋常小学校の教員の月収が46円ほどだったのに対して、東京の旧制中学校の学費は、その3倍を上回る146円であった。このため、せっかく入学できても中途退学を余儀なくされる者は入学者の3分の1にも達した。一般大衆には中学進学というエリートコースへの路は「高嶺の花」だった。

牧はゲートルを巻き、登下校の時は隊列を組んで、集合場所まで行進した。牧は自分が戦時下にいることを、中学入学時に実感する。だがそれは危機感を感じるものではなく、ただ現実を受け入れるに過ぎないものだった。

中学校の授業には必須科目として1年時から軍事教練が組み込まれていた。陸軍の退役将校が教官となり、隊列、行進、サンパチ式と呼ばれた歩兵銃の射撃訓練。更には、軍事講話や戦史などの講義を受けさせられた。

牧に友人が出来た。名前は綿貫久和。綿貫とはよく相撲を取った。体格的には綿貫より劣っていた牧だったが、取る度に綿貫を投げ飛ばしていた。綿貫は、第七高等学校から海軍兵学校を経て東大に進学。学生時代に「学力増進会」を設立。学習塾の草分けとなる。

1941年（昭和16）12月8日、真珠湾攻撃。350万人もの日本人が犠牲となった太平洋戦争が始まる。13歳の牧少年は、戦争の危機感を感じることもなく、勉学と教練の日々を送っていた。

1942年（昭和17）6月5日、ミッドウエー海戦。日本海軍はこの海戦で、投入した主力空母4隻とその搭載機約290機の全てを喪失する大敗戦を喫し、以後、10倍の戦力を有するアメリカとの無謀な戦いが続いていく。

## 海軍兵学校へ　命を捧げる覚悟

１９４３年（昭和18）になると、深刻な労働力不足を補うために、中学校以上の学生に対して学徒動員令が施行された。

中学３年になった15歳の牧は、通常の授業を受けることなく、軍需工場に行き、旋盤を使って、機関銃などの兵器作りに従事させられた。

１９４４年（昭和19）、16歳になった牧は、この年、海軍兵学校を受験する。海軍兵学校の受験資格は、年齢が16歳から19歳、中学校第４学年修了程度の学力、独身者、犯罪歴の無い者とされた。

牧が海軍兵学校への進学を選んだ理由は、受験日が陸軍士官学校よりも先だったという単純なものだったが、４歳年上のノリちゃんこと月岡法典が着ていた純白の軍服への憧れもあった。

試験は最初に身体検査、運動機能検査が行われ、合格者が次の学科試験に進んだ。学科試験は科目毎に5日間続けられ、試験後に発表される採点結果で、所定の合格点数に達した者のみが、次の科目の試験を受験することができた。

厳しい学科試験に合格した牧は、次の面接試験に臨んだ。面接試験では、家柄が合否を決めるファクターとして重視されるという、身分偏重の選考がまかり通っていた。

父親が選考で優先された公務員であったことが、試験の合否に有利に働いたかどうかは定かではないが、牧は、倍率20倍という難関を乗り越え、晴れて海軍兵学校への入学を果たした。

１９４５年（昭和20）３月10日。３２５機のＢ29米空軍爆撃機が東京の夜空を埋め尽くした。爆撃機から投下された38万１３００発もの焼夷弾で、東京の下町は一夜のうちに焼き尽くされ、10万人を超える日本人が犠牲になった。単独の空襲による犠牲者の数としては、世界史上最大であった。

海軍兵学校舞鶴分校全景

そして3月26日に始まった沖縄戦では、18万8千人の日本人が犠牲になった。

牧は、大戦末期の悲惨な戦況を知ることなく、同年4月10日、海軍兵学校舞鶴分校に入校する。郷里を発つ日、牧は中津市長をはじめ、中津中学校長や親族、友人らに見送られて、父三平と共に舞鶴へ向かった。

海軍兵学校は、広島県江田島に本校を置き、他に本校から2キロ離れた津久茂に大原分校、京都府舞鶴に舞鶴分校、山口県岩国に岩国分校が置かれた。

牧が入校した舞鶴分校は、日本帝国海軍の機関科に属する士官の養成を目的とし、機関術・整備技術を中心に、メカニズムに関するあらゆる教育を教授した。戦前は舞鶴といえば機関学校を意味していた。牧は入学試験で特に物理、数学の成績が優秀だったことで、機関学校だった舞鶴分校に割り当てられた。

舞鶴分校は、舞鶴港を望む小高い愛宕山の中腹にあった。学校の敷地は約20万平米、外に約5万平米の練兵場があり、校舎は本部、生徒館、大講堂、学術講堂、実験室、道場等を合せて80数棟、建坪約2万7000平米である。外に練習艦として巡洋艦、駆逐艦、潜水艦等と多数の小型舟艇を備えていた。

更に敷地の中には、水練用のプールとスキー練習場があった。日本海側で唯一の軍港であった舞鶴港は終戦後、ソ連や満州、朝鮮などから日本に帰る邦人を乗せた引き揚げ船を受け入れる港に指定され、66万5千人余りの日本人がこの港に帰還した。

流行歌と映画で大ヒットした「岸壁の母」のモデル端野いせは、息子の生存と復員を信じて、引き揚げ船が入港する度に、6年もの間、舞鶴の岸壁に立って息子の帰りを待ち続けた。

牧は生徒館という名の寄宿舎で暮らした。兵学校では、最上級生を1号、以下2号、3

号と呼んだが、宿舎では分隊ごとに上級生と下級生が同室で寝起きした。牧は最初に在校生と顔を合わせた時、2号生徒が皆やせ細り、顔が青ざめていたのを鮮明に覚えている。牧はその時、舞鶴の冬の寒さを想像していた。海軍兵学校での学生生活は、終戦までの僅か4ヶ月余りだったが、牧の心には、人生で最も思い出に残る経験として残った。

思い出の一つが食事だった。戦時下の日本では米・味噌・醤油など、日本人の主食に欠かせない食品は全て配給制で、その量は、決して空腹を満たすに足りるものではなかった。一方で、陸軍と海軍への食糧の供給は、民間よりも優先されたため、兵学校でも余裕を持った食事が賄われていた。

兵学校の食事は、朝食は週2回がパンとみそ汁、昼食はカレーライスや混ぜご飯のたぐい、夕食は魚の煮付けと肉じゃが、というのが定番だった。

牧は生まれて初めてパンを食べた。半斤のパンを、バターの代わりに砂糖を付けて食べた。世の中にこんな食べ物があったのかと感動した。

カレーライスを海軍の食事に取り入れたのには、大きな理由があった。明治時代の初めのころ、海軍では、脚気で病死する兵士の数が、他の死因に比べて圧倒的に多かった。この事態を憂慮した海軍軍医高木兼寛は、栄養バランスの改善が重要と考え、英国海軍の兵食を参考に、当時の日本の食文化では馴染みの薄かったカレーを、カレーライスにアレンジして食事に取り入れたところ、脚気が大幅に激減した。脚気の撲滅に尽力し、「ビタミンの父」と呼ばれた高木兼寛は、後に東京慈恵会医科大学を創設する。

海軍で考案された肉じゃがは、カレーと同じ材料で作れる便利さと、カレーと同様に調理が手軽で、肉と野菜の両方がとれるバランスのよい食事として兵食の定番となり、その後、一般家庭に広く普及した。

牧が兵学校の授業で最も苦労したのが英語の授業だった。その理由は、支給された英英辞典のみを使用することが義務付けられていたことだった。解らない単語を辞書で引くと、そこにまた解らない単語が出てきて辞書を引くという作業を何度も繰り返した。

更に、休憩時間の生徒同士の会話も英語が義務付けられていた。

戦時下の日本では、英語は敵性語として厳しく取り締まられていたため、陸軍士官学

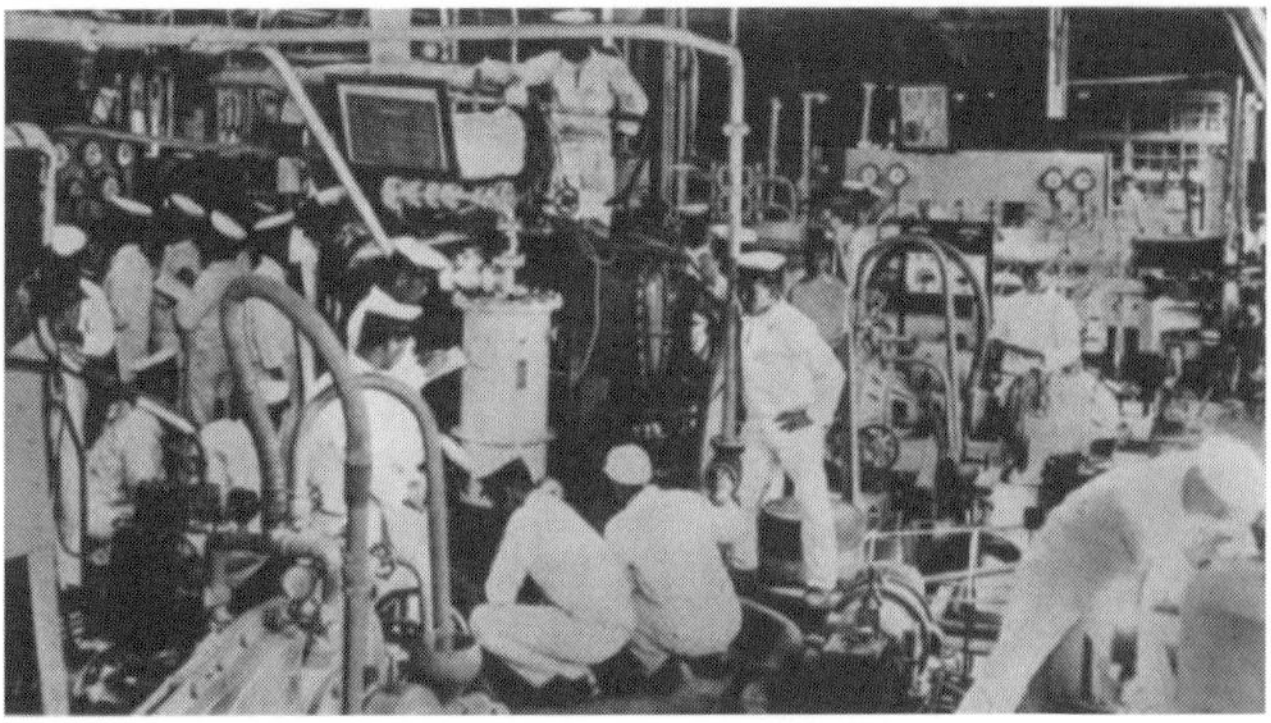

機関装置の実習

校では英語教育を廃止し、入試科目からも外していたが、海軍兵学校では、大戦中も英語教育は継続された。

これには、当時の井上成美校長の「私が校長である限り英語の廃止などということは絶対に認めない」という強い意志が働いていた。井上校長は「一体何処の国の海軍に、自国語しか話せないような海軍士官がいるか。いやしくも世界を相手にする海軍士官が、英語を知らぬで良いということはあり得ない」と力説していた。

余談だが、文豪芥川龍之介は、1916年（大正5）12月1日から約2年4ヶ月の間、当時横須賀にあった海軍機関学校の英語の嘱託教官をしていた。25歳から28歳の結婚前後の期間であった。芥川の作品「蜜柑」は、機関学校在職中の通勤途中の一コマを題

毎朝の課業整列

材にして、退官後発表された。

兵学校の一日は、「5分前の精神」によって、全ての作業が、時間厳守の規律の下で粛々と行われていた。「5分前の精神」とは、定刻の5分前には準備を整え、定刻と同時に作業を始められる状態にする精神のことをいう。

陸上と違って艦艇の場合には、岸壁を離れて出港してしまったら追いつくことはできない。艦の出港に遅れることは海軍軍人にとって非常に不名誉なことであり、懲戒の対象になっていた。海軍ではこのような事態になることを防ぐため、軍人の躾けとして、「5分前の精神」が徹底されていた。

帝国海軍には、今の自衛隊にも受け継がれている

「五省《ごせい》」という訓戒がある。五省とは、五つの反省を意味し、毎日の思考・行動に対し、自らの反省を求めるもの。

夜間「自習止め5分前」のラッパが鳴り響くと、生徒は素早く書物を机の中に収めて、粛然と姿勢を正し、その日の当番1号生徒が唱える五省に集中する。五省が読み上げられると、生徒たちは瞑目し、心の中でその問いに答えながら、その日一日の自分の行動について自省自戒していた。

五省

一、至誠《しせい》に悖《もと》る勿《な》かりしか
　真心に反する点はなかったか

一、言行に恥づる勿かりしか
　言動に恥ずかしい点はなかったか

一、氣力《きりょく》に缺《か》くる勿かりしか
　精神力は十分であったか

一、努力に憾《うら》み勿かりしか
　　十分に努力したか
一、不精《ぶしょう》に亘《わた》る勿かりしか
　　最後まで十分に取り組んだか

「五省」は戦後英訳され、アメリカのアナポリス海軍兵学校に取り入れられた。今も学生が毎日斉唱しているという。

五省が終わり生徒が寝室に上がると、しばらくして、当直下士官に先導され、週番生徒を従えた当直監事が各分隊の寝室を回ってくる。生徒が異常なく就寝しているかどうかを確認する「巡検」だ。この巡検は、海軍の学校、実施部隊では何処でも、一日の終わりの儀式として厳粛に執り行われる。

当直監事が寝室を出て、巡検の終わりが宣言されると、兵学校名物の「寝言」が始まる。1号生徒が3号生徒に対して、海事常識、海軍用語の解説、物理、数学など多岐にわたる話しをこの時ばかりは昼間の威厳をかなぐり捨てて、仲のよい弟にするように砕けた口調で語りかける。

　3号生徒はこれによって、知らず知らずのうちに海軍の常識を身につける。階級制度の厳重な海軍でこの「寝言」は、豊かな感情の交流を醸成する良い伝統であった。寝言のうまい1号生徒は3号生徒から敬愛された。


　兵学校では、厳密に調査をした学校周辺の民家を指定し、そこを「生徒倶楽部」の名で生徒に開放した。外出許可の出る休日になると、生徒たちはそこで囲碁や将棋に興じたり、食事をしたりして、束の間の休みを過ごした。

　倶楽部には、兵学校の寄宿舎にはない畳敷きの部屋があった。牧は倶楽部に行くと、真っ先に畳に寝転がった。牧にとっては、故郷を思い浮かべ、ホッとするひと時だった。そして、好物のぜんざいをそこで食べるのを楽しみにしていた。

　1945年（昭和20）8月15日正午。全校生徒は練兵場に集められ、玉音放送を聞いた。

牧にはラジオのスピーカーから流れる天皇の肉声は、聞き取りづらく、内容を理解するのが困難であったが、「負けた」と叫び、号泣する教官や一部の生徒の姿を目にして、牧は日本の敗戦を悟った。

玉音放送を聞いた日の翌日、一人の青年将校が、特攻兵器として大日本帝国海軍が開発した人間魚雷「回天」で舞鶴港から出撃した。兵学校の教官と生徒全員が、この将校の出撃を見送った。この将校が何処を目指して出撃したのか、知る者は誰一人いなかった。

17歳の牧には、敗戦によってこれから日本は、自分は、どう変わるのか、想像することは出来なかった。ただ変わらず続く日々の訓練に粛々と従っていた。

玉音放送から6日後、牧は兵学校を去り、郷里に帰る軍用列車の車中にいた。

海軍兵学校舞鶴分校は同年11月30日に廃校となる。

# 第二章　精神科医　牧武

## 医師を目指して（一）空腹とバンカラ

車中の兵学校生徒たちは、一様にうつむき、押し黙っていた。車窓の景色は、4ヶ月前に舞鶴に向かった時とは一変し、空襲で焼け野原になった町々が広がっていた。

牧は衝撃を受けた。兵学校という囲いの中で、勉学と教練に明け暮れていた牧には、想像だにしなかった光景だった。大戦末期の米軍による日本本土空襲は、全都道府県430市町村に及び、死者数約56万2700人、損失家屋数約234万3000軒に達するという未曽有の惨劇をもたらした。

中津駅に降りた牧に出迎えはなかった。実家に戻った牧を、母ヤスエが冷やしたそうめんを作って迎えてくれた。昼時で空腹だった牧は、母のもてなしに感謝しつつ、夢中でそうめんをすすった。

牧が次の目標を立てるまでに時間はかからなかった。敗戦による虚脱感を感じることはなく、自分がこれからどう生きるべきかを必死に考えた。長男である牧は、自分がしっかりしなければ、国も家族も滅びるという大きな危機感を持っていた。

牧の選択は二つ。平和時でも、戦時下でも、人の役に立つ医師になる道と、飢餓に苦しむ日本人の食糧事情を改善するために、農業の技術改善に努める研究者になる道の二者択一だった。そして牧は、医師を志す道を選んだ。

その理由の一つには、中学校時代の友人で、実家が産婦人科医院だった細川が、中学卒業後に慶応義塾大学医学部予科に進んだこと

空襲後の鹿児島市街

空襲後の青森市街

で、未知の分野である農業技術の研究よりも、医学の道に進む方が身近に感じていたということもあった。

医師になるには、高校（旧制）で理系を選択し、大学の医学部に進むのが必須条件だった。高校の受験は翌年の3月にせまっていた。受験勉強にかけられる時間は、7ヶ月しか残されていなかった。

牧は鹿児島のナンバースクール、旧制第七高等学校（七高）への進学を選んだ。理由は、七高の校舎が昭和20年6月の鹿児島大空襲で焼失したため、入学試験を地元の中津中学校で受けられることだった。また、ノリちゃんこと月岡法典の弟利之が七高に通っていたことも、理由の一つにあった。

牧は眉毛を剃った。外出はせず、ただひたすら机に向かう覚悟を自分に課するためだった。牧は早朝に中津の海岸まで走り、兵学校で行っていた号令演習をするのを日課にした。その後は、食事以外は部屋にこもり、受験勉強に集中した。牧は目標達成のために、一刻も無駄にしたくはないと思い続けた。

1946年（昭和21）3月。七高の入学試験が中津中学校で行われた。旧制高等学校は、文科と理科に大別され、更に履修する第一外国語により、文科甲類（英語）、文科乙類（ドイツ語）、文科丙類（フランス語）、理科甲類（英語）、理科乙類（ドイツ語）と細分されていた。理科乙類は、大学の医学部・薬学部・農学部への進学コースとなっていた。試験は希望する学科に分けて行われた。すでに医師を目指すことを決めていた牧は、迷わず理科乙類（ドイツ語）を選択し合格する。

1946年（昭和21）4月。旧制第七高等学校に入学する。当時の七高は、鹿児島県の出水市にあった海軍航空隊の建物に一時的に移転していた。出水市は、日本一の鶴の渡来地として知られ、国の特別天然記念物に指定されている。毎年10月から12月にかけて、1万羽を超える鶴がシベリアから渡来する。出水の海軍航空隊は沖縄戦以後、特攻作戦の基地となり、飛行場を飛び立った260名の特攻隊員が命を落としている。

牧は七高の仮の寮で同期生8人と同じ部屋で寝起きした。生徒たちは、自分で持ち込んだ机に向かい、電燈のない夜はろうそくの薄灯りの下で勉強に打ち込んだ。

ファイヤーストーム

寮生活で数少ない楽しみの一つが、校庭で焚火を囲みながら、七高寮歌「北辰斜にさすところ」を歌い、踊るファイヤーストームだった。生徒の中には、一人月を見上げて、尺八を吹く者もいた。その哀愁を帯びた調べに耳を傾け、涙する者がいた。

翌年の1947年（昭和22）、2年になった牧は、焼失後に建て替えられた七高の校舎に移った。七高は正式名を第七高等学校造士館《ぞうしかん》と呼んだ。造士館の名は1773年（安永2）に島津藩藩主島津重豪が創設した藩校「造士館」に由来する。

西南戦争最後の戦地、城山の山麓にあった島津家の居城、鹿児島城（別名鶴丸城）は、1874年（明治7）に焼失。その城跡に、1901年（明治34）、第七高等学校造士館が設立される。七高は、エリートが集まるナンバースクールの一つだけに、数多くの著名人を輩出したが、牧の同期では、ノーベル物理学賞を受賞した赤﨑勇がいた。

鹿児島に移った牧は、初めて下宿に住んだ。寮生活とは異なり、下宿の生活にはプライバシーがあったが、そこで賄われる食事は寮の時と同じく、米が泳いでいるようなおかゆ、いもがゆ、大根や菜っ葉のおかゆ、芋だけの食事などで、19歳の牧の空腹を満たすには程遠いものだった。戦後間もない頃の日本の食糧事情は、飽食の時代を生きる今の日本人からは、想像し難い劣悪なものだった。

第七高等学校造士館正門

食糧や生活必需品は、戦後も続いた配給制で得ていたが、その量は戦前に比べ、むしろ少なくなっていた。そのため人々は、焼け跡に出現した非合法の闇市で食糧を調達して生き延びていた。

戦後の食糧不足の原因としては、700万人に及ぶ外地からの引き揚げ者によって、都市人口が増加したこと。更に、爆撃による交通網・流通網の損壊により、農村部が抱える食糧の流通が鈍化したことがあげられる。食糧難は深刻を極め、栄養失調で餓死する人々が都市部などで増え続けた。1947年（昭和22）には、法律を守り、配給のみで生活しようとした裁判官山口良忠が餓死するという事件も起きている。

牧も空腹を満たすため、農家へ買い出しに行くことがあったが、初めは「よそ者には売らない」と言われ、何も買えずに帰ってきた。そこで牧は一計を案じて、鹿児島弁を話す友人を連れて行くと、問題なく目的のさつまいもを買うことができた。

牧の同級生に池田昭太郎という友人がいた。池田の実家は熊本県の玉名で医院を営んでいた。牧は毎年、夏休みになると池田の家に行き、二人で勉強する日々を過ごした。

牧が池田の家で一番楽しみにしていたのは食事だった。患者の中には治療費を払う他に、お礼として自分の家の畑で採れた野菜や産物を置いて行った。そのため、池田の家には米や卵など、当時では手に入れるのが困難な食糧がいつも絶えることなくあった。

牧が初めて池田の家を訪れた時、食卓に山盛りに積まれた卵があるのを見て驚いた。牧は卵の姿を久しく見ていなかった。卵と白米が食べられた池田家の食事は、牧にとって、この上なくありがたいものであった。
池田は七高を卒業して九州大学を受けたが、牧同様に不合格となり、翌年、広島大学医学部に入学。卒業後は実家の池田医院を継いだ。

旧制高等学校の生徒の間では、「バンカラ（蛮殻）」と呼ばれた服装が流行していた。これは、着古し擦り切れた学生服、マント、破れかけた学帽、高下駄、腰に提げた手拭い、という身なりのことを指した。バンカラは、西洋風の身なりや生活様式を表した「ハイカラ」をもじった語で、明治期に粗野や野蛮を、ハイカラに対するアンチテーゼとして造られた語。旧制第一高等学校（現在の東京大学教養学部）を中心とした旧制高等学校の生徒が流行の先駆けだった。

バンカラ姿の牧

時としてバンカラ姿の生徒たちは、焦土と化した鹿児島の市内に繰り出し、歌い踊る街頭ストームで気勢を上げた。すると、どこからともなく市民が集まり拍手を送った。鹿児島の市民は彼らを「七高さん」と呼び、「末は博士か大臣か」と、尊敬と親しみを持って迎えていた。

ある日、夕食を終えた牧の下へ数人の学友が訪ねて来て「これから君をドルフへ連れて行くぞ」と言って牧を連れ出した。牧はドルフがドイツ語で「村」を意味することは知っていたが、どこの村へ行くのか、皆目見当がつかぬまま彼らの後をついて行った。

そして辿り着いた村は「沖之村」という遊郭だった。何も知らずについてきた牧は、遊郭の入り口の近くを流れる清滝川に架かる思案橋を渡った時、街並みの様子が急に明るく華やいだように思えた。牧は遊郭が何かを知らなかった。牧は学友に導かれるままに一軒の妓楼に入った。

しばらく経って一人妓楼を出た牧は、思案橋を渡り終わると急に駆け出した。なぜなのか、牧本人も分からず無我夢中に駆けた。そして海岸に辿り着くと、服を脱ぎ棄て錦江湾に飛び込んだ。牧にとってそれは穢れた心身を洗い落とす禊《みそぎ》だった。

その姿は、愛する妻のイザナミノミコトに会うために黄泉の国に行ったイザナギノミコトが、イザナミの醜く変貌した姿に恐れおののき、慌てて逃げ帰り、川に飛び込んで死者の国の穢れを清めたという神話の一幕に似ていた。夢中で泳ぐ牧の先には、月明かりに浮かぶ桜島の姿があった。

空腹とバンカラ、そして褌の思い出を残し、1949年（昭和24）3月、牧は第七高等学校を卒業。次の目標である大学医学部への進学へと向かった。

## 医師を目指して（二）恩師との出会い

１９４９年（昭和24）２月。牧は九州大学医学部を受験するが失敗。浪人生活を余儀なくされる。九州大学（九大）は、東大、京大、東北大に次ぐ4番目の帝国大学として、１９１１年（明治44）に開校した。九大医学部は、医学部の中でも特に難関とされていた。

牧は浪人の間、福岡県立田川高校で数学の代用教員を務めながら、翌年の入試に備えた。後に妻となる吉沢アヤと知り合ったのはこの時期だった。12歳年上のアヤは、田川市内の洋裁学校で講師を務めていた。

牧はこの頃、下宿の近くにあった社交ダンス教室に、息抜きで通っていた。アヤとは、そのダンス教室で出会った。その後、牧は受験に集中するため教室を止めるが、アヤとの付き合いは続いていく。

１９５０年（昭和25）２月。牧は熊本大学医学部を受験し合格する。牧が九大の受験を避けて熊本大学を選択したのは、二浪は絶対に避けるという考えからだった。

この年の６月25日、北朝鮮軍が38度線を越えて韓国に侵攻。朝鮮戦争が勃発する。日本はこの戦争による特需景気で急激に景気が上昇し、戦後の復興の足掛かりとなる。

熊本大学は、１９４９年（昭和24）の学制改革の際に、熊本市所在の旧制学校６校を包括した新制大学として誕生した。６校の中の旧制熊本医科大学は、千葉、金沢、新潟、岡山、長崎の各大学と共に旧六医大、通称「旧六《きゅうろく》」と呼ばれていた。

同じく旧制学校６校の中の旧制第五高等学校（五高）の歴代校長には、講道館柔道の創始者であり、「柔道の父」と呼ばれた嘉納治五郎が名を連ねている。また、夏目漱石やラフカディオ・ハーン（小泉八雲）が同校で教鞭をとっていたことが知られている。ナンバースクールの旧制第五高等学校は、政治家志向、中央官僚志向が強かったため、池田勇人、佐藤栄作といった内閣総理大臣経験者をはじめ、多くの政治家や官僚を輩出している。

牧の熊本大学での5年間の学生生活は、勉学に明け暮れる日々だったが、月に一、二度、田川からアヤが訪れ、下宿住まいの同僚たちとすき焼きを食べ、花札に興ずるのが唯一の楽しみだった。

1953年（昭和28）6月。九州一帯を襲った梅雨前線による豪雨は、西日本一帯に大きな被害をもたらした。熊本県では、6月上旬から阿蘇地方に降り続いた雨で地盤が緩んでいたところに、6月26日の豪雨で白川が増水し、大洪水となって沿川一帯に氾濫した（白川大水害）。死者・行方不明者422人、被災者総数38万8848人、流失及び全半壊戸数9102戸、浸水家屋3万1145戸、被害総額241億円（現在価値換算1700億円）という大災害だった。

牧の下宿先もこの水害で床上浸水になり、部屋の畳が浮いてしまう程であった。数日経って水が引いた頃、アヤの実家から新品の畳が届いた。アヤの実家は、福岡県北部の町の直方で、味噌・醤油の醸造会社岸川商店を営んでいた。アヤは水害の状況を実家に報告していた。

１９５５年（昭和30）４月。牧は熊本大学医学部を卒業。その後、熊本県玉名市の棚瀬内科医院で、インターンとして働いた。インターンは原則無給であったが、棚瀬医院から毎月支給されていたアルバイト料で、下宿の家賃や生活費を賄うことが出来た。

玉名市は、１３００年の歴史を誇る玉名温泉、文豪夏目漱石の小説「草枕」の舞台となった小天《おあま》温泉、更に、日本人マラソン選手として初めてオリンピックに出場し、ＮＨＫ大河ドラマ「いだてん」の主人公にもなった金栗四三の故郷としても知られている。

牧がインターンをしていた頃の玉名は、田園が広がる農村地帯で、医療施設の数も乏しかったため、牧はオートバイに乗って、遠方の農村に棚瀬医院長の助手として診療に行かされることが度々あった。牧は玉名での1年間を、昼はインターンとして医院に勤務、夜は医師国家試験のための試験勉強に費やした。

１９５６年（昭和31）３月。医師国家試験に合格した牧は、九州大学医学部大学院の入学試験に臨んだ。牧が九大大学院への進学を決めた理由は、臨床経験を積む目的と、日本でも指折りの教授陣と施設を備えている大学でより一層研鑽を積むことが、医師としての自分の将来に必要であるとの考えからであった。

試験は精神神経科の中脩三教授による口頭試問のみで筆記試験はなかった。中脩三は、九大医学部を卒業後、欧米への留学を経て台北帝国大学精神科教授となり、台湾の精神医学の基礎を築いている。牧によれば、試験といっても神経症とは何かといった基礎的な知識を問われるもので、雑談のような雰囲気だったようだ。

同年4月。牧は九州大学医学部精神神経科の医局に入局する。

牧は熊本大学医学部で学んでいた時期に、人間の脳の働きに興味を持つようになった。人間の脳は、全ての機能を司っているにも関わらず、その働きについては、未だ解明されていない部分が多く残されている。牧はそうした脳の未知のメカニズムを研究し、医師として、脳の障害により引き起こされる病気の治療に貢献できるようになりたいと考えた。

牧が精神科医への道を選んだ理由は、助手を含めたチーム医療である脳外科医より、個人で患者と向き合い、治療を施すことができる精神科医が自分には向いていると判断したからだった。

牧は九大大学院への入学を期に、婚約者のアヤが勧めた九大に近い箱崎町の家の2階に移り住んだ。この家の家主は、九大病院の最所元整形外科看護長の家だった。最所とアヤは知り合いだった。偶然にも最所は、アヤの実家から奨学金をもらって九大の看護学校に通っていたのだった。

国産第１号脳波計〝木製号〟

入局1年目の牧は午前中は中教授の助手として、教授と患者のやり取りを記録したり、教授が口述する症状や薬などを、カルテや処方箋に書くベシュライバー（ドイツ語で書く人の意味）の仕事をした。更に、初診の患者に症状を聞き、教授の診察の前に、簡単な診察をしておく予診の仕事も任された。

牧は午後になると脳波室で、室長の稲永和豊講師について、脳波の研究と脳波計の改良に励んだ。当時の脳波計は、真空管を使っていたため、脳波を示す波形の線が安定しなかったり、ノイズが入ったりして、正確な診断に支障をきたす事態が度々生じていた。

入局から半年ほどが過ぎたある秋晴れの日、牧がいつものように外来の診察を終えて脳波室に戻ると、長身の男が背広姿で中庭をじっと眺めて立っていた。その男は牧に気づいて振り向くと「中尾です」と笑顔で挨拶した。

牧は、この方がアメリカへ留学していた脳生理学で著名な中尾弘之先生だと直感し、その場で「是非、先生の研究のお手伝いをさせて下さい」と願い出た。アメリカから帰国したばかりで、研究の手伝いをしてくれる助手がいなかった中尾は、牧の熱意を感じとり、快く牧の申し出を受け入れた。

講師として研究室に戻ってきた中尾弘之は、後に精神神経科の第4代教授となり、脳生理学の研究を牽引し、視床下部が情動の中枢であることを疑いのないものにするなどの輝かしい業績を残した。

この時代、九州大学医学部精神神経科教室には、中尾をはじめ稲永和豊、前田重治、西園昌久といったそうそうたる研究者がキラ星のごとくいて、まさに九大の脳研究の黄金時代であった。

中尾の一番弟子となった牧は、翌日から来る日も来る日も猫小屋を作り、そしてやっと猫の視床及び脳弓を電気刺激する実験を中尾から教えてもらえるようになる。

牧はある時中尾から「ボヤ〜としていたら、日本はアメリカに負ける」と言われた。アメリカに3年間留学していた中尾は、アメリカの医療が日本より数段進んでいることを実感していた。中尾の言葉で目が覚める思いになった牧は、以後毎日、夜中の2時、3時まで、中尾と一緒に実験を繰り返した。牧が朝6時に研究室に行くと、中尾は5時に来て、既に猫の手術を済ませていた。牧は当時を振り返って「私にとってこの頃は、青春が戻ったような楽しい日々だった」と語った。

中尾弘之教授

牧は中尾の助手を務める一方で、派遣医師として福間町（現福津市）の福間病院に週2日通っていた。医局の助手は無給だったが、福間病院から与えられていた給料で、学費に加え家賃と生活費も充分に賄えていた。

1年後の春、中尾は徳島大学に助教授として栄転する。牧は自分も徳島に連れて行って欲しいと懇願するが、中尾は「君はここに残れ」と言って牧を突き放した。牧は中尾が去った研究室で、その後も実験を続け、同時に博士論文を書き始める。

中尾は徳島の自分の家に来て論文を書けと牧を誘ったが、恐れ多いと思った牧は、自宅で論文を書き上げ中尾に送った。すると中尾から、原稿が真っ赤になるまで訂正されて戻ってきた。牧は書き直して再度、中尾に送ったが、再び真っ赤になって戻ってきた。送っては送り返されるやり取りを何度か繰り返し、やっと中尾が認めた学位論文が仕上がった。

1960年（昭和35）3月。医学博士となった牧は大学院を修了するが、恩師、中尾弘之との子弟関係は、その後も続いていく。

# 精神科医　牧武　始動

１９６０年（昭和35）４月。大学院を修了した牧は、文部教官として医局に残る。国家公務員である文部教官（現在の文部科学教官）とは、国立大学で教える立場にある者を指す。文部教官と呼ぶのは、形式上は文部省の役人であることに由来している。

最初の1年は、医師として病棟と外来の患者の診察をし、一方では、研究室で後輩の指導をしながら、恩師中尾から教えられた研究を続けた。

翌年の１９６１年（昭和36）４月。外来医長に就任。その翌年の１９６２年（昭和37）４月には病棟医長に就任する。

病棟には、重症患者が入院する閉鎖病棟と、症状が比較的軽い患者や、回復に向かっている患者が入院する開放病棟がある。閉鎖病棟は、周りを煉瓦で固めた頑丈な分厚い鉄製の扉で仕切られ、厳重に施錠されていた。万が一重症の患者が外に出て問題を起こした時は、病院の管理責任が問われるのは必至であることから、医師の間では、「鍵は命」と言われていた。牧は、それまで教授のみが行っていた病棟の総回診を、患者の症状を把握するには不十分と考え、病棟医長の回診も始めた。九大精神科では初の試みだった。

牧が精神科医としてスタートした1950年から60年代にかけては、日本における精神科医療の黎明期だったといえる。

1952年にフランスの精神科医ジャン・ドレーとピエール・ドニカーによって抗精神病薬のクロルプロマジンが開発され、精神病に対する精神科薬物療法の時代が幕を開けた。それまでは、電気ショック療法、インスリン・ショック療法、持続睡眠療法、発熱療法といった4種類の治療方法が精神病治療の根幹をなしていた。

それが、クロルプロマジンやその後続いた抗精神病薬の登場によって、電気ショック療法以外の治療は避けられるようになった。

１９５０年（昭和25）に日本において「精神衛生法」が制定され、各都道府県に公立の精神病院の設置義務が課せられた。また、精神障害の発生予防と国民の精神的健康の保持向上が図られることとなり、各都道府県に精神衛生相談所が置かれるようになる。

更に民間の精神病院の施設整備費・運営費に対して国庫補助が行われるなどもあり、民間の精神病院が多数建設されるようになり、昭和30年に4万4０００床だったのが、その後の15年間で25万床に増えていった。

こうした日本における精神科医療の発展には、それを支えた秀抜な精神科医の存在があったことは言うまでもない。

森田正馬教授

森田正馬《まさたけ》は１９１９年（大正8）に、対人恐怖症やパニック障害、心気症といった神経症（ノイローゼ）に対する精神療法である森田療法を創始した。

しかしながら、その独創的な精神療法を当時の中央の医学界は、極めて冷淡に受け止め、その効用を認めようとはしなかった。そうした中、森田療法をいち早

下田光造教授

く認め、支持したほとんど唯一の精神医学者が下田光造だった。

森田療法を端的に言い表すならば、「あるがまま」という心を育てることによって神経症を乗り越える療法となる。「あるがまま」とは、不安や症状を排除しようとするはからいをやめ、そのままにしておくことを指す。森田療法は「あるがまま」の態度を養うことによって、不安を抱えながらも、生活の中で必要なこと（なすべきこと）から行動し、建設的に生きることを患者に教え、実践させる治療方法である。

森田は東京帝国大学医科大学（現、東京大学医学部）を卒業後、東京慈恵会医院医学専門学校（現、東京慈恵会医科大学）で教授を務める。

下田は、東京帝国大学医科大学における森田の9年後輩で、九州帝国大学医学部精神病学教室（現、九州大学医学部精神神経科）の第2代教授を務める。下田は九大精神科において、森田療法を体験療法と呼んで実践していく。

二人の関係は、下田が森田のことを、精神分析学を創始したフロイトと並べて激賞したことで、感激した森田との間に以後親密な交流が続いていった。

森田は治療に際して、自宅を患者のために開放して大家族的家庭療法を行った。一方の下田は、九大精神科の入院患者の大部分が重症の精神障害者だったため、神経症患者の治療は、大学病院の周囲に軒を並べる旅館や下宿に患者を寄宿させて、そこから下田の外来へ通院させて行っていた。下田の門下からは多くの森田療法の専門家が生まれ、今も、慈恵医大とともに九大精神科の出身者が、森田療法学会で活躍している。

慈恵医大と九大精神科が森田療法の双璧と言われる所以である。

1998年（平成10）に森田療法認定指導員の資格を取得した牧は、日本精神科病院協会の副会長を務めていた時期に、福岡で開かれた「国際森田療法学会」で、海外から参加した森田療法の指導員を前に座長としてウエルカムスピーチを英語で行っている。

余談になるが、この時のスピーチの英文を作成したのが、九大精神科の医局から派遣医師として牧病院で働いていた森山成彬だった。

森山は東京大学仏文科を卒業後ＴＢＳに勤務。２年後に退職し、九州大学医学部に入学し精神科医となるが、その傍らで執筆活動を始め、帚木蓬生《ははきぎほうせい》のペンネームで数々の話題作を世に出す。１９９４年には映画にもなった「閉鎖病棟」で「第８回山本周五郎賞」を受賞している。

# 牧病院建設の道のり

牧が文部教官になって早々のある日、久しぶりに叔父の大丸から連絡があった。大丸は福岡で最大手、全国でも屈指の流通量を誇る青果卸売会社、福岡大同青果の副社長を務めていた。大丸は牧に土地の購入を勧めた。バクチで大損をした地主が、茶畑の土地３０００坪を坪６００円という安値で売りに出しているから買えという話しだった。

牧は大学院の学生時代に株を購入していた。株投資に特に興味を持っていた訳ではなく、好景気で株価が上昇しているのを知って、興味本位で買ったのだった。

当時の日本は朝鮮戦争による朝鮮特需に続く神武景気の最中で、株価は開戦前に比べ、４５０倍にまで値上がりしていた。

この好景気によって日本経済は、戦前の最高水準を上回るにまで回復し、１９５６年（昭和31）の経済白書には「もはや戦後ではない」とまで記され、戦後復興の完了が宣言された。また、好景気の影響により、耐久消費財ブームが発生、冷蔵庫・洗濯機・テレビの「三種の神器」が一般大衆に広まった。

牧は大丸と不動産屋、それに、大丸が勤める大同青果から仕入れをしている野田青果店主の野田時蔵と共に、野田が運転するトラックで土地を見に行った。そこは一面の広大な茶畑で、周囲には人家は見当たらず、空高く雲雀《ひばり》がさえずっていた。牧はこの長閑な風景が気に入った。

牧は株を売って3000坪を購入。同時に大丸と野田も、牧の隣の土地をそれぞれ1000坪購入した。

この時点では、牧の頭の中に病院建設の計画は微塵もなく、留学するか、文部教官としてこのまま九大医学部精神科に留まるかという漠然とした未来図を描いていたに過ぎなかった。

外来医長になった牧が外来の診察を終えて医局に戻ると、医局長の西園が相談があると話しかけてきた。西園は、飯塚にある飯塚オートレース場の社長から選手の脳波をとって欲しいとの依頼があったことを牧に伝えた。オートレースの選手は、転倒して頭を打つことが度々あることから、社長はそうした選手の健康状態を気遣っていた。

牧は早速、脳波室に替わって新設された中央臨床検査室の室長に事情を説明し、選手たちが脳波検査を受けられるように手配した。

後日、牧と医局長の西園は、オートレース場の社長から料亭に招かれ接待を受けた。しばらく談笑すると、酒に弱い牧はすぐに酔いがまわり、その場で寝てしまった。西園は寝ている牧を横目に見て、社長に「牧は土地を持っていますが、金がありません。何か開業する方法はありませんか」と相談した。

しばらく目を閉じて考えていた社長は「西鉄二日市済生会病院の隣にある引き揚げ者の寮を県が競売にかけたのを、炭鉱主の原口が100万円で競り落としたと聞いています。それを買って移築したらどうですか」と提案した。

翌日、牧と西園は原口に連絡を取り、会う約束を取り付けた。話しを聞いた原口は「120万ならお売りします。100万を現金で、残りの20万は出世払いということでどうでしょう」と言った。

牧は「それで結構です」と即座に答えた。牧はこの時点で、病院建設の意志を固めていた。

人がその人生において大きな決断をする時、そこに至るまでの過程において、自分で目標を定め、自分の意志で決断する者と、周囲の人間の意志に後押しされて決断に至る者の二通りがあるとするならば、牧は後者であったと思える。

「人の役に立つ医師になる」という目標を果たした牧にとっては、九大病院に残り、医師としての仕事を全うする道も選べた。だが周囲の人間は、牧の実直でまじめな人間性に惚れ込み、牧に自分の病院を建てる道を勧め、牧の背中を押した。

牧に迷いはなかった。牧は残っていた株を全て売り払い１００万円を用意した。しかし、この土地に病院を建てるには、それ相当の資金を用意する必要があるが、牧にはその金は残っていなかった。

牧は医師としての仕事をする傍ら、知人で建設会社を営む黒木に書かせた病院の設計図を持って、黒木と共に銀行と信用金庫を回って融資を願い出た。

結果は散々だった。周囲が茶畑で、人家もまばら、電気も水道も通っておらず、交通は至って不便という場所に、病院、しかも精神病院を建てるなどという話しに金を貸そうとする金融業者はどこもなく、全て門前払いだった。

ところが、落胆した牧に神風が吹いた。

1960年（昭和35）7月1日。医療金融公庫が設立される。この公庫は、国民の健康な生活を確保するに足りる医療の適正な普及向上に資するため、私立の病院、診療所等の設置及びその機能の向上に必要な資金を、長期かつ低利で融資することを目的とし、その資本金を政府が全額出資していた。牧にとっては正に地獄に仏だった。

牧は早速、病院の設立趣意書と設計図を医療金融公庫に送った。設立趣意書の内容は、本館を改築して食堂を加え、更に、皮膚科の病棟を備える鉄筋コンクリート3階建ての別館を作るという内容だった。

数日後、一次審査を通過した旨の通知が届き、面接に来るようにとの指示があった。牧は直ぐさま東京に向かった。面接に臨んだ牧は、面接官を前に臆することなく、病院建設の熱い思いを語った。その後、3000万円の融資を認可する通知が牧のもとに届く。牧は小躍りして喜んだ。医局長の西園と黒木に伝えると、二人は満面の笑顔で牧を祝福した。

黒木は早速、病院の建設工事に取り掛かった。

茶畑の整地から始め、次に、引き揚げ者の寮の解体、そして移築という工程で進めていったが、工事には時間がかかった。特に解体作業は、一つひとつの資材を傷つけることなく、丁寧に取り外していく必要があった。更に、寮のある二日市から移築先の筑紫野市永岡までは4キロ程の距離だが、雨が降ればぬかるみ、解体した資材を乗せたトラックが立ち往生することもしばしば起きた。

水道工事、電気工事にも時間がかかった、何しろ未開の土地に病院を建てようとするようなものだから、様々な困難を抱えて工事は進められていった。

# 牧病院　開院

1963年（昭和38）5月10日。大雨の降りしきる中で牧病院の開院式が行われた。牧武35歳の年だった。

牧は4月初めに九大精神科を退職し、病院の敷地内に建てた小さな家に移り住んでいた。その家に開院式の2日前、徳島大学医学部の助教授をしていた恩師の中尾教授夫妻が訪れた。中尾は牧に「ある時払いの催促なし」と言って、100万円の入った封筒を手渡した。側にいた中尾の妻も「頑張ってください」と笑顔で牧の手を握った。

牧は一瞬言葉に詰まった。自分のような若輩者の医師に、当時では大金の100万円を融通してくれた中尾に深々と頭を下げ、「ありがとうございます」と礼を述べるのが精一杯だった。

中尾をはじめ、西園、大丸、原口、黒木、オートレース場の社長など、牧を支え応援し

牧病院　入口

た男たちは、牧武という男の実直でまじめな人柄に惚れ込み、牧のために掛け値なしで協力しようと思ったのであろう。

病院を運営するには、当然ながら、看護師をはじめとする最低限のスタッフを揃える必要があった。牧は九大精神科のトップである桜井図南男教授のもとを訪れ援助を願い出た。すると、精神科外来の看護師長をしていた光吉ヨシコと、放射線科の看護師の宮尾が真っ先に「私が行きます」と手をあげた。

更に、数人の看護師と准看護師も手を挙げたが、桜井教授の「それ以上は人件費がかかるからやめておけ」という助言に従い、光吉と宮尾、それに光吉が推薦した准看護師の宮崎の3人に来てもらう了解を得た。

牧は更に面接で数人を雇い入れたが、そのうちの一人の女性は、高校の成績が優秀だったのにもかかわらず、牧のもとを訪れる前に面接した全ての会社で採用されなかった。それは、その女性が被差別部落の出身という理由からだった。

終戦後の1947年（昭和22）に施行された日本国憲法における基本的人権の尊重により、社会階級制度は消失したが、世間ではその後も部落民に対する差別は続いていた。

牧は面接に際して、個人の出自には一切とらわれず、能力や将来性を判断して採用を決めた。牧は採用した部落出身の女性を看護学校に通わせ、准看護師の資格を取らせた。

底辺の仕事口にしか生活の糧を得られないとあきらめていた被差別部落の住民は、同じ境遇の女性を雇ってくれた牧に皆が感謝した。

開院式には九州大学精神科の桜井教授をはじめ、医師、看護師ら、医局員のほとんどが4台の貸し切りバスに乗ってやってきた。牧は、バスが病院前のぬかるんだ坂道を上って来られるようにと、ダンプカー５台で運ばせた砂利石を道に撒いて迎え入れた。
　弱冠35歳という若さで病院長となったのは、当時では異例中の異例だった。そしてこの若き病院長は、参列者を前にしたスピーチで、牧病院が目指す精神神経科の医療について次のように述べた。

「私の理想は、
一、患者や家族の身になって考える病院
二、明るい品位ある学問的な病院
三、若い先生方や看護者が喜んで学びに来て頂けるような病院
四、地域社会の精神衛生センターとしての役割をも果たすことのできる病院
として発展させていきたいということです。なお、力の及ぶ限り全開放型療法を目指して努力していきたいと考えております」

開放型の精神神経科病院を目指すと断言した牧だが、その理由について牧は後に、「自

郵　便　は　が　き

料金受取人払郵便

８　１　２－８　７　９　０

博多北局
承　認
3150

169

福岡市博多区千代3-2-1
麻生ハウス３F

差出有効期間
２０２１年７月
31日まで

㈱ 梓　書　院

読者カード係　行

ご愛読ありがとうございます

お客様のご意見をお聞かせ頂きたく、アンケートにご協力下さい。

| | |
|---|---|
| ふりがな<br>お 名 前 | 性　別（男・女） |
| ご 住 所 〒 | |
| 電　　話 | |
| ご 職 業 | （　　　　歳） |

梓書院の本をお買い求め頂きありがとうございます。

下の項目についてご意見をお聞かせいただきたく、
ご記入のうえご投函いただきますようお願い致します。

| |
|---|
| お求めになった本のタイトル |
| ご購入の動機<br>1書店の店頭でみて　2新聞雑誌等の広告をみて　3書評をみて<br>4人にすすめられて　5その他（　　　　　　　）<br>＊お買い上げ書店名（　　　　　　　） |
| 本書についてのご感想・ご意見をお聞かせ下さい。<br>〈内容について〉<br><br>〈装幀について〉（カバー・表紙・タイトル・編集） |
| 今興味があるテーマ・企画などお聞かせ下さい。 |
| ご出版を考えられたことはございますか？<br>・ある　　・ない　　・現在、考えている |

ご協力ありがとうございました。

分は開放型についての確かな方法論を持ってこのやり方に挑んだわけではない。ただ、閉じ込められるのは誰でも良い気持ちはしないだろうと思って、鍵をかけないことにした。患者を束縛することなく、また人間的に疎外することなしに、のびのびと一緒に付き合いながら治療していきたいと、ごく素朴に考えていた」と述べている。

また「筑紫野は一面茶畑でほかに何もなかったので、開放型でやることができた」とも言っていた。

牧がこう述べたのは、病院から抜け出す患者がいても、周囲が一望できる病院からは、患者の姿は直ぐに発見できた。茶畑の中を逃げる患者と病院のスタッフが追いかけっこをしていたという、一見微笑ましいとも見える様子を思い浮かべていたと思える。

病院玄関前にて　牧武

開院後、間もなくして入籍し牧の妻になったアヤが、経理と事務の仕事を受け持ち、献身的に牧を支えた。

開院当時は外来で訪れる患者の数はまばらで、待合室はいつも閑散としていた。そこで牧は自分で車を運転して九大病院精神科を訪れ、外来で診察を受け、牧病院を紹介された患者を乗せて自身の病院に連れてきて入院させたり、また時には、近隣に医療施設がないために、急患の連絡があれば、看護師を連れて往診することもあり、正に孤軍奮闘の日々を繰り返していた。

ある時牧は、総婦長として迎え入れた光吉が、広大な茶畑を前に一人たたずみ涙を流している姿を目にした。九大医学部看護学科をトップ成績で卒業し、将来は九州を代表する九大病院の総看護婦長になるであろうと目されていた光吉だった。その光吉が、自ら率先して自分の病院に来てくれたことは、牧にとって何にも増して心強い味方を得た思いだった。それ故に、光吉の心境に触れた牧の衝撃は大きかった。だが、光吉の顔から涙が消えるのに時間はかからなかった。

牧が毎日のように訪れる姿を見ていた九大精神科の医師たちは、やがて彼らの方から積極的に患者を牧病院に回すようになった。これには、医局で同僚だった牧を援助しようという思惑があったと想像できるが、他にも大きな理由があった。

それは、その頃の九大精神科が関連の医療施設を含めて、外来も病棟も飽和状態に近くなっていた事だった。そうした状況があって、牧病院を訪れる患者の数は見る見るうちに増え、その年の暮れには82床の病棟も満床になっていた。

## 桜台駅

1964年（昭和39）10月10日。アジア地域で初となるオリンピックが東京で開催される。東京ではオリンピック開催を契機に、競技施設や交通機関など、様々なインフラが整備された。特に首都高速道路の建設は急ピッチで進められ、主要施設を経由する首都高速都心環状線ルートが大会前に完成した。東海道新幹線も開会式9日前の10月1日に開業。オリンピック観戦に訪れた外国人旅行者に、日本の技術力と戦後の復興をアピールした。経済においては、カラー放送を見るためのテレビ受像機購入の増加などの理由で、消費が飛躍的に増大し、日本経済に「オリンピック景気」といわれる好景気をもたらした。

期間中のオリンピック・リポーターとして採用された作家の三島由紀夫は、式典や各競技の感動の模様を伝える記事を毎日新聞、報知新聞、朝日新聞などに分載形式で連載した。三島はオリンピック開会の感想として、「やっぱりこれをやってよかった。これをやらなかったら日本人は病気になる」と述べていた。

開院後、初めて迎えた正月。牧は病院のスタッフ全員と患者をデイルームに集め、年賀の歌を歌って正月を祝った。笑顔で喜び合う牧の心の中は、開院当時の不安はすでに消え、希望だけで満ち溢れていた。この年の5月に発表された筑紫野市の高額納税者番付で、牧の名が上位に記された。36歳の若き精神科医師が率いる牧病院が、開院1年足らずで、安定した病院経営を行っていることを証明したと言えるだろう。

外来には九大精神科から若い医師が交代で派遣され、看護師たちは、外来と病棟の患者のケアで毎日忙しく動き廻っていた。

九大精神科の医局に勤めていた時に、精神科の看護師の仕事がいかに重労働であるかを、彼女たちの働きぶりを目にして感じていた牧は、辺鄙な土地に建つことになる自分の病院には、必ず看護師を住まわせる寮を建てると決めていた。通勤の負担から看護師たちを解放したいという牧の願いは、開院の2年後、鉄筋3階建ての建物となって実現した。

牧は病院の建設を始めた当初から、病院の近くに鉄道の駅を作りたいと考えていた。牧

牧病院開院11周年記念写真（牧は前列右から６番目）

病院は西鉄の朝倉街道駅と筑紫駅の中間に位置していたが、両駅間の距離が長く、駅から病院へのアクセスは徒歩しかなく、不便で時間がかかっていた。

西鉄はこの両駅間に駅を作り、周辺に宅地を開発する計画をしていたが、住民は、駅を作れば若者たちが皆福岡の市内へ行ってしまうと危惧して土地を売らなかった。牧は駅の建設計画が頓挫した経緯を人伝てに聞いていた。

牧病院が開院して2年が経った頃、牧は中学時代の同級生の兄で顔見知りだった西鉄の社長吉本弘次のもとを訪れ、駅を作る必要性を訴えた。駅の建設計画に行き詰っていた吉本は、牧が住民の説得に協力してくれるなら前向きに検討すると答えた。近隣の住民にその名声が知れ渡っていることを聞いていた吉本にとって、牧の申し入れは正に渡りに船であった。

牧の住民への熱心な説得が実り、1971年（昭和46）3月1日、牧病院から徒歩5分の場所に「桜台」の名で駅が完成し、駅の裏手には桜台団地の名で住宅地が整備された。鉄道の駅が出来たことで、一面の茶畑だった牧病院の周りの景色は一変した。

桜台駅が出来てから6年後の1977年（昭和52）6月14日。牧病院のある筑紫野市永岡から隣町の佐賀県基山町を結ぶ、延長4.5キロの筑紫野バイパス（国道3号バイパス）建設計画が決定。翌年早々に用地買収が開始された。

しかし、予定していたルートは、各所で住民の反対にあい、買収は遅々として進まなかった。現状を知った牧は、バイパスの建設に当った日本道路公団（現、ネクスコ西日本）に対し、牧病院の一部を建設用地として提供すると申し入れた。

牧の提案を受け入れた公団は当初のルートの変更に踏み切り、1984年（昭和59）に工事を着工。3年後の1987年（昭和62）4月18日に完成した。バイパスには牧病院に

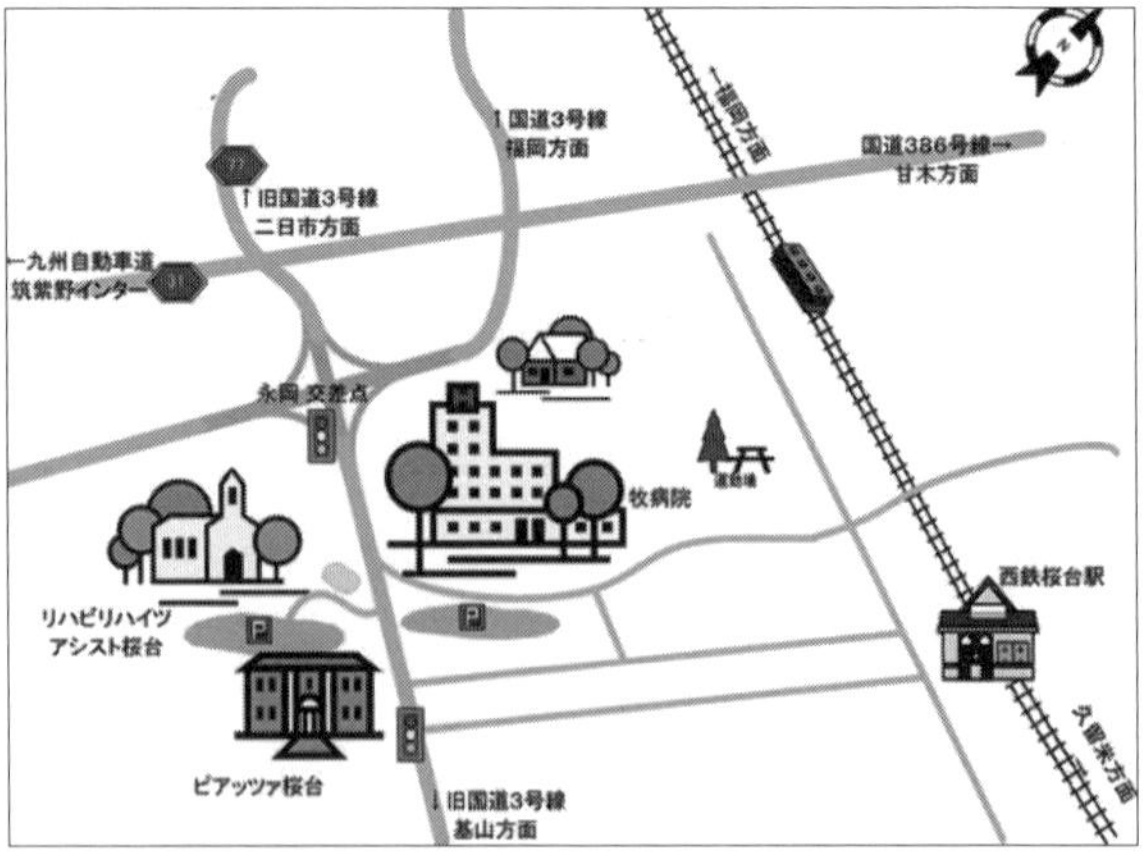


牧病院へのアクセス（医療法人牧和会 HP より）
福岡県筑紫野市大字永岡 976-1（西鉄桜台駅前）

直結する位置に出口が造られたため、車による牧病院へのアクセスがより便利になった。用地を売る代わりに取得した代替地は、牧病院開院の3年後に、筑紫野市の市長の依頼で購入した市所有の4000坪の土地につながっていた。

この土地にはその後、介護老人保健施設「アシスト桜台」（1997年開設）と住居併設型生活支援施設「ピアッツァ桜台」（2003年開設）の2棟の牧病院関連施設が建ち現在に至っている。

# 開放療法のあゆみ

## 精神科医　伊藤正雄の挑戦

はじめて精神病院の閉鎖病棟を全開放としたのは、イギリスのヂンダルトン病院の精神科医G・ベルとされている。ベルは患者を保護室に入れるのを見て、精神科医をやめようとさえ思い悩んだという。そして鍵を取り除くことが治療の第一歩だとして、病院職員の理解を求め、地域の警察、家族、一般市民に根気強く説得を続けて、ついに1949年、全病院を開放することに成功したのだった。

一方、日本における精神科病院の開放制は、戦前において呉秀三、石田昇、加藤普佐次郎らにより部分的に実践されてきたが、本格的な実践は、佐賀県の国立肥前療養所において、所長の伊藤正雄が1956年（昭和31）から1960年（昭和35）にかけて行ったのが最初であった。

伊藤は１９３６年（昭和11）に九州帝国大学医学部を卒業すると、当時の満州の野砲隊付として勤務。１９４３年（昭和18）に帰国した伊藤は、九大精神科で、主として組織病理学の研究に取り組んでいた。伊藤が１９５６年（昭和31）７月に赴任した頃の国立肥前療養所は、医師に欠員が多く、実動医師は３名だけという、正に僻地の療養所であった。

イギリスなどで始まっていた精神病院の開放化の動きを知らなかった伊藤は、赴任して間もない頃、アメリカでの留学経験があるという寺島正吾から、アメリカのある精神科病院の話しを聞いた。そして伊藤は、その病院に「The most important person in this hospital is the patient（この病院で最も大切な人は患者さんである）」という標語が掲げてあったという話しに感銘し、その標語を療養所に掲げて、その後に情熱を傾けた伊藤の精神科治療の信念とした。

国立肥前療養所病棟改築を機に、伊藤のもとで開放化が進められ、開放率は95％にまで達した。もちろん抵抗は大きく、特に病院の事務職、村人、そして家族の抵抗が強かった。だが、話し合いや付近をパトロールすることなどによって、それらの抵抗は克服されていった。

伊藤は「開放とは、鍵をかけないという物理的なものだけではない」と言い、手紙検閲の廃止、面会の自由化、電気ショック療法から薬物療法への切り替え、時間をかけての入院説得、一部病棟での男女混合収容、患者を対等の人間として扱うことなども同時に進められた。こうした中で、患者たちは活性化し、退院する患者も続出した。

牧は、九大医局時代に派遣医師として、先輩であった伊藤が勤める療養所に勤務したことがあった。牧は診療の合間に、伊藤の開放治療の様子をつぶさに観察していた。酒豪の伊藤は、酒が飲めない牧を毎晩のように官舎に誘い、二人で精神科医療の実態や将来などについて、夜が更けるまで大いに語り合った。短い期間であったが、この時の経験がその後の牧の精神科医療の実践に、多大な影響をもたらしたのは間違いなかった。

伊藤は、自分が特別なことをしているとは考えなかった。生活のため、また子供の教育のために、1960年（昭和35）に肥前を去り、関東に移った。伊藤は、自分が居なくなっても、開放制はそのまま続けられるだろうと信じていた。だが、伊藤が去った後、間もなくして開放制はつぶされた。

一つには、患者が退院した後、空床がなかなか埋まらず、厚生省から看護者定員削減が言い渡されたためであった。もう一つには、開放化が進められていた時期のほとんどを病気休養中であった医務課長が復職し、開放化を快く思わなかったためであった。

念のため、伊藤がその礎を築いた国立肥前療養所は、その後名称を国立病院機構肥前精神医療センターと変え、精神科常勤医師26名を擁する多機能型精神科医療機関として、地域医療に貢献していることを付け加えておく。

## 家族ぐるみの治療

牧病院は開院当初から開放療法を実践してきた。病棟は80床を全開放にし、2床は鍵をかけた保護室だったが、病棟全体を閉鎖している部分はなかった。

保護室を置いたのは病院を抜け出したり、破壊行為を行うような重症患者を一時的に保護する必要があるとの判断からであった。

牧は1971年（昭和46）発行の筑紫医師会広報誌「筑紫」の中で「開放療法の理念」

を次のように述べている。

「精神障害者を治すということは、患者をして社会に適応できる力を備えた強い人格に再統合することでなければならないと思います。そのためには、精神療法的な働きかけが、いつも根本になければなりません。そして、この精神療法的な働きかけが充分有効になされるためには、良い治療的環境が必要となります。

そこには、第一に、開放的で自由と責任のある、のびのびとした雰囲気が必要ですし、第二に、疲れた患者の気持ちを支えてあげるような機能を持っていることが大切で、第三に、患者の心を育てていく教育的な働きかけが必要であり、第四には、社会復帰をスムーズにするために、家族をはじめとして、患者を取り巻く人々との交流が充分保たれるよう配慮されていることが要求されます」

牧はこのような考えから、若い患者のために「英語教室」や「数学教室」、更には実社会に出ていくために「習字」や「茶の湯」、「お作法の時間」、「生け花の時間」、「読書会」

などの多彩なプログラムを用意して、明るい病院づくりを目指した。

牧病院の入院患者のほとんどは、統合失調症（当時は精神分裂症）の患者で、その9割近くは20歳前後の若者である。それは、統合失調症が主に、思春期から青年期にかけて発症すると言われていることでうなずける。

統合失調症は、症状の現れ方や経過などから、破瓜《はか》型、緊張型、妄想型の3タイプに大別される。このうち破瓜型は通常、15歳から25歳までに発病する。「破瓜」とは思春期を意味する言葉で、他のタイプの統合失調症に比べて発症時期が早く、思春期の頃によく発症するため、その名で呼ばれていた。感情の変化が激しく、気まぐれで行動が予測しにくいなどの症状が特徴とされている。

緊張型は青年期に急に発病するタイプで、大声で叫ぶ、じっと動かない、やたらと動き回る、あるいは奇妙な姿勢をとるといった行動が特徴的。多くは数ヶ月で消失するが、再発もまれではなく、再発するたびに破瓜型に似た病像に変化していく場合がある。ただし、人柄が変わってしまうことは少なく、破瓜型よりは予後は良いとされている。

妄想型は破瓜型や緊張型よりも発病年齢が遅く、多くは30歳前後に発病する。幻覚や妄想が中心で、対人コミュニケーションは比較的良好に保たれていることが多く、人格の変化もあまり目立たず、予後は良いとされている。

牧は、若い年齢の入院患者の治療においては、家族の協力を得ることが非常に重要であり、そのためにも牧病院では、開院の当初から「家族ぐるみの治療」を行う努力をしてきた。病気の患者を治療していく過程で医師にとって大きな困難となるのが、患者の家族の多くが、入院治療に対して、アンビバレンスな感情を持ち、治療者に対する信頼や、良い協力関係が得られないことだと牧は話す。

アンビバレンス（ambivalence）とは、ある対象に対して、相反する感情を同時に持ったり、相反する態度を同時に示すことを言う。例えば、ある人に対して、愛情と憎悪を同時に持つことや、あるいは尊敬と軽蔑の感情を同時に持つことなどである。

医師や病院の治療努力に対して、患者の家族が抵抗を示す裏には、何らかの不安が存在し、その裏返しとして、治療への協力を拒むことになっていると考えられる。例えば、「果たしてこれが本当に病気だろうか」「どうしてこんなことになったのだろうか」「この病院は大丈夫だろうか」「医者の診断は正しいだろうか」「この子の将来に傷がつくのではないだろうか」などと、様々な思いが去来し、どうしてよいかわからず、不安や恐れから、病気を認めることを回避する気持ちが働く。また、病気に対する認識のないことからも、治療をしぶり、治療者の指示を守らないなどの現象が多く見られる。その具体的な表出として、入院させる時の抵抗ばかりでなく、いったん入院させても、いろいろな困難となって現れてくる。

例えば、毎日のように面会に来て、医者と患者の良い関係を壊してしまう、あるいは、治療に対して、いろいろな注文ばかりつけて指示を守らない。治療途中の中途半端なところで退院させてしまう、家族がなかなか面会に来ないために連絡がとれなくなるようなことが見られる。

そこで牧は、患者の家族たちをグループとして病院の中に引き入れることを考えた。その具体的方法として取り組んできたのが「お母さん教室」と「家族懇話会」である。

「お母さん教室」という名の集団家族療法は、開院した翌年の１９６４年（昭和39）から引き続き行ってきたが、現在では、その発展した形として父親も参加する「家族懇話会」という形で、毎月1回行っている。

「お母さん教室」の方法として、まず家族の中でも最も強い影響力を持つ母親たちに病院へ来てもらい、患者や医師、ナースと一緒になって1日を過ごし、病気をめぐる様々なことを語り合う集団療法を試みた。

お母さん教室の様子

「お母さん教室」はカリキュラムを組んで、週1回のペースで行っている。

その一例を見ると、午前9時、ラジオ体操。10時、精神衛生講話（病院長の牧の他、九大から招いた医師が担当）。11時、英会話教室参観。12時昼食。13時、お花のつどい。14時、心理テスト・アンケート。15時、ナースを囲んで懇談。17時終了、となっている。

「お母さん教室」、「家族懇話会」、この2つのプログラムは、間違いなく親たちの病気に対する意識に大きな変化をもたらした。

それまでは、子供たちは退院して家に戻っても居場所がなく、ただぶらぶらと過ごすだけで、親も腫れ物に触るように子供に接していた。

それが「お母さん教室」や「家族懇話会」に親が通うようになると、親と子どもの会話が増え、子供の顔にも徐々に笑顔が戻るようになってきた。病院側も退院した患者のアフターケアとして、入院中に経験した「英会話教室」や「数学教室」などのプログラムに子供を参加させ、規則正しい生活を送る習慣を身に付けさせるようにした。

このような病院側のサポートの試みは、後の「デイケア」へとつながっていく。

牧が試みた「家族療法」は、1950年代に欧米で発展をみせたが、日本では1970年代後半になって広がりをみせるようになる。

その意味では、1963年の開院当初から「家族療法」を始めた牧は、日本における「家族療法」のパイオニアであると言えるであろう。

## ナイトホスピタル

牧は「お母さん教室」の開始と同じ年に、「ナイトホスピタル」をほぼ同時に始めている。ナイトホスピタルとは、昼間は患者を外出させて学校や仕事で社会生活を送らせ、夜だけ入院させるという精神病治療の一つの方法で、１９５３年（昭和28）にカナダのモントリオール総合病院で始めたのが最初とされている。

精神病患者の社会復帰訓練を目的としたナイトホスピタルの実施に当たっては、患者本人、その家族、職場の三者に並行して働きかけを行う必要があった。

牧は診察の合間を縫って、患者を受け入れてくれそうな会社や工場を自ら訪ね回った。当時は障害者を受け入れる門戸は狭く、受け入れ先を見つけるために多くの時間と労力を費やす必要があった。牧はそれでも信念を貫き、やっとの思いで鉄工所、牛乳工場、建設資材店、クリーニング店、スーパーマーケットに８名の患者を通わせることができるようになった。

牧はナイトホスピタルの実施に当って、その柱となる作業項目を決めた。その第一が

「作業日誌」、第二が「ナイトホスピタル懇談会」、第三が「家族への働きかけ」である。

第一の「作業日誌」は、患者が作業を終えて病院に帰ってから、その日の出来事や困ったこと、従業員同士の交わりなどを、思いつくままに日誌に書かせるもので、それを医師、看護者、ケースワーカーが読み、それぞれの立場で、個々の患者に応じた助言、指導を与えるというものである。

第二の「ナイトホスピタル懇談会」は月1回、日曜日に約1時間、ナイトホスピタルを受けている患者全員と、医師、看護師、ケースワーカーが参加して会合を持ち、退院後の問題や、職場や家庭内の問題について、自由な雰囲気の中で話し合いを行うというもの。

そして第三の「家族への働きかけ」であるが、一般に家族は患者の症状が軽快しつつある時でも、強い不信感を持っていることもある。病状が良くなっていると言われても、なおかつびくびくし、どう信頼し、どう取り扱ってよいか分からないといった態度が多く見られ、そのことが患者の回復期の働きかけにとってマイナスの力を持つことが多い。

そこで毎月1回「ナイトホスピタル家族会」の例会を設けて話し合いを行っている。そこでは、家族から出された様々な問題や疑問に対し、一つひとつ具体的に答えていくわけだが、その結果として、家族の不安を取り除き、気持ちの動揺を軽減させる効果が期待される。いずれにしても、医師、看護者、家族の忍耐と努力が必要であることは間違いないと言える。

牧は「ナイトホスピタルの段階を経て、退院へという目標を達成するには、連続的、段階的なプログラムを用意して、入院から退院までの全過程を通じて、何らかの働きかけをするように努めなければならない。またその際には、〈何をやるか〉ということよりも〈どんな人が、どのくらい熱意を持って取り組むか〉ということが、より大きな成否の鍵を持っており、その時々のスタッフの創意工夫や意欲を鼓舞し、得意を生かす配慮が不可欠のものである」と述べている。

日本には、企業や地方公共団体などに対して、一定の割合で障害者を雇用する義務があると定めた「障害者の雇用の促進等に関する法律（略称は障害者雇用促進法）」がある。だが、１９６０年（昭和35）の制定時には、対象は身体障害者のみで、しかも「努力義務」を定めただけであった。その後、１９７６年（昭和51）には「努力義務」を「法的義務」に改め、法定雇用率の未達成企業には、国庫に納付金を納める「雇用納付金制度」が設けられ、これによって現在まで続く「割当雇用制度」が確立されることになった。

１９９７年（平成９）には雇用義務の対象に知的障害者も含めることになったが、精神障害者が加えられたのは、それから21年後の２０１８年（平成30）４月である。

この流れを見ると、精神障害者の雇用が定められる54年も前に牧がナイトホスピタルを始め、それを受け入れた会社や工場があったということは特筆すべきことである。

## サテライトクリニックの開設

お母さん教室、ナイトホスピタル方式の社会復帰訓練と歩んできた牧が、次に焦点を当てたのが地域精神医療であった。

１９７１年（昭和46）12月。福岡市内のビルの一角に、福岡牧心療クリニックを開設する。所長には、牧病院の開院当初から病院の基礎作りに手を貸していた精神科医の松尾精介が就任した。松尾は、九州大学医学部精神神経科から福岡県の精神衛生センターを経て福岡県社会保育短期大学の教授を務めていた。

牧がクリニック開設に当って描いていた理念は、一応の治療が終了した患者に、外来治療の形で生活指導を行うことも病院の大切な役割であるというものだった。

牧は生活指導を細やかに行き届いた形で行うことが、再発を防ぐための最も重要な手段であり、また入院期間を出来るだけ短くすます努力も、十分な外来サービスの裏付けがなければ意味をなさないと考えていた。

しかし、現実にはここに極めて難しい問題が潜んでいた。

その理由は、患者とその家族が精神病院に通うことに伴う気兼ねや、時間的経済的負担である。その他に、私的精神病院が外来活動にエネルギーを傾注して、入院の機会を少なくするべく努力することは、取りも直さず自らの経済的存立を危うくする行為になるという矛盾である。

これらの困難や矛盾を、いくらかでも和らげるための一つの方法として、病院とは別の、都心に近い場所にクリニックを開設して、何とかこれを病院と有機的に結びつけて運営し、精神衛生相談やデイケアの機能を持たせることが出来るようになれば、というようなものであった。

牧のクリニックは次第にそれ自体が独自の機能を持つようになり、1986年（昭和61）の年間受診者総数は、1万3770人、1日平均47人、新患だけでも501人を数えるようになった。

ある日、推理作家の夏樹静子がクリニックを訪ねて来た。牧は夏樹と面識があった。牧が座長で開かれた九州精神神経学会のシンポジウムで、夏樹はパネリストの一人として招待されていた。それ以来、夏樹は牧のクリニックを時々訪れるようになった。

ただ、夏樹は患者としてではなく、夏樹の作品に度々出てくる精神的な描写に関して、専門家の牧の話を聞くのが目的だったようだ。

長年、腰痛に苦しんでいた夏樹は、自身の体験を綴った『椅子がこわい―私の腰痛放浪記』で、精神的原因からくる身体の不調について広く知らしめ、日本で心療内科が広まるきっかけを作ったとされている。ちなみに夏樹の本名は出光静子、夫は新出光会長の出光芳秀。夏樹は2016年3月19日、心不全のため福岡市内で死去。享年77歳。日本の女性推理作家の草分けであり、代表作『Wの悲劇』の他、多数のヒット作を残し、「ミステリーの女王」と称された。

牧心療クリニックは、近くの総合病院や他科の開業医からの紹介も多くなり、リエゾンサイカイアトリー（リエゾン「Liaison」とは組織間の連絡、連携を意味し、サイカイアトリー「Psychiatry」は精神医学を意味する）の役割も果たしていると思えるようになった。牧が最初から考えていた理念が、そこに脈々と息づいていた。

### 心の電話―福岡

「現代は情報化社会と言われています。あふれる情報と機械化の波の中で、わたくしたちの精神的な面がなおざりにされ、〈親子の断絶〉という言葉に代表されるように、次第に私たち一人ひとりが孤立して行き、個人、個人のつながりが断ち切られるという状況に追い込まれて来ているのではないかと思います。〈心の電話〉は、このような現代社会にあって、一人で悩んでいる人々に、何らかの問題解決の手がかりが出来ればと思って始めました」（1982年11月10日　第15回福岡精神衛生大会より）。

牧は、1981年（昭和56）9月、福岡県地域精神衛生対策協議会からの委託を受けて、牧心療クリニック内に「心の電話―福岡」を開設した。「心の電話」は福岡の他に北九州、筑豊、筑後の各地区にも開設され、協議会からそれぞれ100万円の運営資金が与えられた。

牧はこの2年前の1979年（昭和54）12月、1000万円の私費を投じて「福岡県精神保健財団」を設立している。地域精神医療の推進を図ることを目的とした財団であり、「心の電話―福岡」もその一環として財団が運営した。

「心の電話―福岡」では専任の精神衛生カウンセラーを2名おいて、夫婦関係、保健医療の問題、男女関係など、多種多様な相談に当った。

「電話による相談はその性質上、

一、時間や場所の制約をうけず、どこからでも自由にかけられる。

二、お互いに顔が見られず匿名性が保たれる。

三、電話料金以外は費用がかからない。

四、既成の相談機関を利用する時のような煩雑な手続きや出向く不便さがない。

五、電話機が直接耳の部分に接触しているために、相互の心理的な交流が強くなり、治療効果が高い。

というようなことから、心理的な危機状況にある人たちに対する有力な治療的手法の一つとされています」(同大会より)。

開設当初の年間相談数は930件で、内訳は男性316件、女性614件と女性の数がほぼ倍になっている。年齢別では30代が最も多く221件。次いで20代が189件で、以下40代、50代、19歳以下の順であった。

相談の内容別にみると、1位が「医療の問題」で216件、2位は「夫婦関係」で150件、3位は「性」に関するもの114件で、男女関係、家族問題がそれに続いている。

運営にあたっては相談を受ける側にも問題がいくつか生じた。

その第一がマンパワーの問題である。ある人が精神的な危機的状況にある時、その人と信頼的な人間関係をつくり、その人の固有な問題を受容していくことが、危機介入の最も基本的な技法だが、それに対応する熟練した精神科医、心理学者、保健婦、ケースワーカー等が、なかなか得にくいという現実があった。

第二が経済的な問題。心の電話の運営には年間で600万円の予算が必要なため、県から支給される100万円の補助金では賄えきれず、不足分を個人、ロータリークラブやライオンズクラブなどの各種クラブ、会社などからの寄付で何とか運営していたという状況だった。牧自身も病院の職員から院長の道楽が過ぎるとそしりを受けるという有様だった。

「悩んでいる人のために手を差し伸べたい」

精神科医・牧武は、理想の実現のために、大きな壁を乗り越えなければならなかった。

## デイケアの発足

牧は早くからデイケアに対して深い関心を持っていた。それは、精神に疾患のある患者に治療を施すだけではなく、退院した患者の再発防止と社会復帰の支援にまで手を差し伸べなければならないという、精神科医療に対する牧の信念によるものだった。

牧病院開院の翌年、まだスタッフも充分揃わぬ厳しい状況の中で、牧は、総婦長の光吉ヨシコを、カナダのモントリオール大学に1年間留学させ、そこで光吉に外国の精神科看護を学んでもらい、更にデイケアについても、その創始者の一人といわれているドナルド・キャメロンのいるアラン・メモリアル病院で2ヶ月間実習してきてもらった。

牧にとっては、右腕として頼りにしていた光吉が、短い期間とはいえ、職場を離れることに大きな不安を覚えたが、これからの牧病院の進むべき方向を決める手がかりを、光吉が見つけてくれることを願って決断した。

予定通り病院に戻り職場に復帰した光吉は、以前にも増して、頼もしさと自信が備わっているように牧の目には映った。そして光吉の留学の成果は、後のデイケアの運営において、大いに発揮されることになる。

1985年（昭和60）7月。別館の3階にデイケア棟が完成。翌年の9月1日に正式に認可された。光吉をカナダへ送り出してから21年が経っていた。

その間は前述したように、退院して家に戻った患者に対し、入院中に経験した種々のプログラムに参加させるなどのアフターケアを続けていた。

一般に精神科のデイケアには、「社会生活能力の改善などによって、自立や社会参加が可能になることを目指すデイケア」と、「地域の生活を維持し、生活に潤いをもたらすことを重視する支持的要素が強いデイケア」があるとされている。

デイケアを利用する人をメンバーと呼んでいるが、デイケア施設がメンバーを惹きつける要因は、デイケアにおけるスタッフの対応と、そこで行われるプログラムに分けて整理することができる。

デイケアがメンバーを惹きつける要因としては、次の4つが挙げられる。

①家族から距離をとれる
②社会復帰（就労）の準備ができる
③他者との接点（友人やスタッフと時間と空間を共有し、話ができる場）が持てる
④家以外に居られる場であること

一方のプログラムがメンバーを惹きつける要因としては、次の3つが挙げられる。

①役割を持てる

②自らの意志で自由に選択できる
③興味・関心が一致する特定の人物と交流できる

更に、プログラムでの活動の中で「これをやっていれば他のことを考えなくてすむ」というような言葉が多く聞かれることから、病気や対人関係などでうまくいかないことなどを、少しでも気にしないでいられることも、一つの要因として考えられる。

デイケアが生活の一部となっているように思うメンバーも少なくない。そうしたメンバーの中には、他に行く所がないからという理由で来ている者もいるが、彼らにとってデイケアは、病気を抱え、就労したくてもできない状況の中で、今ある生活を維持したり、自分らしいより快適な生活を構築していこうとする場となっていると考えることができるであろう。

牧病院のデイケアは、1998年（平成10）、朝から夜まで受け入れる「デイナイトケア」に生まれ変わる。

# 二つの事件

## ライシャワー事件

日本における精神科医療の歴史において、大きな転換期となったのが1950年（昭和25）の精神衛生法制定だった。

1900年（明治33）に制定された精神病者監護法で、精神障害者を許可なしに監禁することが禁止されたが、一定の手続きを踏めば私宅監置することが認められるなど、治療というより社会防衛的色彩が強かった。それが、精神衛生法の制定によって、私宅監置は禁止され、ようやく近代的な精神衛生対策の第一歩が踏み出された。

しかし、この法律も一つの事件によって修正を余儀なくされることになる。

牧病院が開院した翌年の1964年（昭和39）3月24日正午頃、エドウィン・ライシャワー駐日アメリカ大使が東京赤坂の大使館の裏玄関から車に乗ろうとした時、刃渡り16センチのナイフを持った工員風の少年に襲われ、右大腿を刺され負傷した。

少年はその場にいた書記官や海兵隊らに取り押さえられ、駆けつけた赤坂署員に引き渡された。この殺傷事件は外国の要人が襲われた戦後初の事件であった。

書記官がネクタイで止血の応急処置を行い、ライシャワー大使は直ちに虎ノ門共済病院に運ばれ、同病院の医師団と横須賀米軍病院医師団によって4時間に及ぶ手術がおこなわれた。大使の出血量は3000ccを超え、1000ccの輸血が行われたが、この輸血が大使に更なる災いを及ぼすことになる。

ライシャワー米大使刺さる

19歳の"異常少年"逮捕

生命には別条なし

大使館発表　右モモ、三週間の傷

大使館放火も自供

米政府にも衝撃

心から米に陳謝

黒金長官が談話発表

ライシャワー事件の報道記事
（朝日新聞・1964年3月24日）

突然の事態に周囲は騒然となったが、ライシャワー大使自身はあくまで冷静で手術室に運ばれる途中、駆けつけたハル夫人に親指と人さし指で「ＯＫ」サインを送るほどの余裕をみせた。

手術の翌日、「私は日本で生まれたが、日本人の血はない。日本人の血液を多量に輸血してもらい、これで私は本当の日本人と血を分けた兄弟になれた」と言って周囲を笑わせた。そして、「この小さな事件が日米間の友好関係を傷つけないように」と何度も繰り返した。この日本国民を慰める言葉に、日本国民はライシャワー大使にいっそうの親しみを覚えた。

しかし、ライシャワー大使は、この輸血が元で血清肝炎にかかるという二重の苦しみを強いられることになる。

日本では１９５０年代から１９６０年代半ばまで輸血用血液の大部分を民間血液銀行が供給していたが、その原料は売血で賄われていた。売血とは、自らの血液を売って金銭を得る行為のことをいう。売血者はそのほとんどが所得の低い肉体労働者で、彼らの多くは売血を繰り返していた。

当時は感染症の検査が不十分だったことに加え、血液を買い取る血液銀行と売血者双方のモラルは低く、注射針の使いまわしなどによるウイルス性肝炎の感染が広がっていた。その結果としてウイルスに汚染された輸血用血液が出回り、医療現場では輸血後肝炎が頻発していた。ライシャワー大使は正にその犠牲者となった。

ライシャワー大使は3ヶ月の入院を経て回復し退院。その後ハワイ州ホノルルの海軍病院に検査のため再入院した。大使は一時は辞任を考えたものの、「今退任し帰国すれば日本人は事件の責任を感じてしまうだろう」と考え留任することを決め、その後も駐日大使として活躍した。

ライシャワー大使刺傷事件をきっかけに、売血問題がクローズアップされ、血液提供者のモラルが期待できる献血制度へと血液行政は大きく舵を切ることとなった。マスコミは売血制度批判のキャンペーンを行い、献血運動が広がり、献血率は急速に上昇した。そして事件から5ヶ月後の1964年（昭和39）8月21日に開かれた閣議で、輸血の売血制度を廃止し、輸血用血液を、日本赤十字社を中心とする献血で賄うことが決定された。

ライシャワー事件が起きたのは、東京オリンピックが開催される7ヶ月前だった。日本が世界を意識していた時期に事件は起き、日米間の重大な国際問題へ発展する可能性が

「異常者の犯罪」どう防ぐ

ライシャワー大使刺傷事件 座談会

野放し状態なくせ

隔離の方法、研究が必要

相談できる専門家を

当時の朝日新聞による報道記事
（朝日新聞・1964年3月25日）

危惧された。日本政府はこの事件を重要視し、当時の首相池田勇人はアメリカのジョンソン大統領に遺憾の意を表明。早川崇国家公安委員長は引責辞任し、天皇、皇后、皇太子御夫妻が見舞い品を贈った。

犯人の少年は、静岡県沼津市に住む精神に障害を持つ19歳の少年だった。少年は高校生の時から統合失調症を患い、沼津の病院で治療を受けており、犯行は精神障害によるもので思想的背景はないとされた。

少年は「世間を騒がせるために大使を襲ってやろうと思った」と自白したが、その動機の詳細は支離滅裂だった。少年は、犯行時は心神喪失状態だったとして不起訴処分となり、精神病院で治療を受けていたが、事件から7年後に自殺している。

ライシャワー事件によるアメリカの対日感情の悪化を懸念した政府は、事件の翌年の1965年（昭和40）に精神衛生法を改正し、自傷他害の恐れのある精神障害者を一時的に強制入院させる緊急措置入院制度などを新設することになった。保健所は精神相談員を増員し、精神障害患者が引き起こす犯罪への対策を図った。つまり、危険性のある精神病患者を治安対象にしたのだった。

新聞をはじめとする報道機関も、精神障害者を隔離収容すべきと主張し、世論も野放しは危険と支持したため、厚生省は精神科病院への隔離収容政策（社会的入院）を始めた。

精神衛生法の改正は、それまでの精神病治療の流れに逆行するものだった。改正前までは、向精神薬の開発により精神病患者の社会復帰を促進し、入院治療から通院治療へと変換を目指していた。

しかしこの流れが変わり、患者の人権は軽視され、精神病患者を隔離する傾向が強まった。その結果、昭和35年に9万床だった精神科病院の病床数は、昭和45年には25万床へと急増している。

## 宇都宮病院事件

１９８３年（昭和58）。栃木県宇都宮市にある精神科病院報徳会宇都宮病院で、看護職員らが患者2名を暴行によって殺害する事件が起きた。

同年4月。食事の内容に不満を漏らした入院患者が看護職員に金属パイプで約20分にわたって乱打され、約4時間後に死亡した。更に同年12月にも、見舞いに来た知人に病院の現状を訴えた別の患者が、職員らに殴られ翌日に急死した。精神科病院ゆえの閉鎖性により、この事件は公にならなかったが、事件の翌年、１９８４年（昭和59）3月14日に、朝日新聞が朝刊でこの事件をスクープしたことによって世論の注目を集め、国会でも精神障害者の人権保障が論議された。警察もこの報道をもとに事件を究明し、加害者であり、不正を働いた宇都宮病院の介護職員ら5人と、石川院長を傷害致死罪で逮捕した。

宇都宮病院事件が明るみになるきっかけになったのは、宇都宮病院に不法収容されていた患者が、東京大学医学部附属病院精神科を訪れ、宇都宮病院の内情を暴露し、告発する意志があることを伝えたことだった。

患者2人に「死のリンチ」

宇都宮の精神病院で看護職員

金属パイプなどで殴打

目撃職員ら証言

「病死」と遺族に説明

宇都宮病院事件の報道記事①（朝日新聞・1984 年 3 月 14 日）

宇都宮病院

石川前院長逮捕へ

無資格診療を指示

経理面の疑惑も追及

イランの「関係改善」意向

外相、カタールに

宇都宮病院事件の報道記事②（朝日新聞・1984 年 4 月 24 日）

東京大学精神科医師連合（精医連）は、宇都宮病院の問題を究明するための調査チームを結成。弁護士や日本社会党と協力し、朝日新聞社宇都宮支部とも情報交換を行った結果、入院患者2人について、殺人事件が立証されると判断し新聞で発表するに至った。

宇都宮病院は、他の精神科病院で対応に苦慮する粗暴な患者を受け入れてきた病院だったが、事件の発覚以前から私刑として「看護師に診療を行わせる」「患者の虐待」「作業療法と称して石川院長一族の企業で働かせる」「病院裏の畑で農作業に従事させ収穫物を職員に転売する」「許可ベッド数を上回る患者を入院させる」「死亡した患者を違法に解剖する」などの違法行為が行われていた。

このような、医療施設としてはあるまじき行為が繰り返し行われていた背景を辿ると、そこには、１９５０年代から60年代にかけて制定された精神医療に関する制度の問題点と、違法行為を見逃していた行政の実態、更に、精神科病院の管理者を筆頭にした病院職員の倫理的な思考能力の欠落、日本社会の精神科医療に対する理解が著しく不足していたことなど、様々な問題点が総合的に関わっていたことが要因として考えられる。

１９５８年（昭和33）10月2日。厚生省事務次官通知により、精神科病院の医療従事者は一般診療科に対して、医師数は約３分の1、看護師数は約３分の2を基準とする特例基準が認められ、更に同年10月６日の医務局長通知で、事情によっては『その特例基準の人員数を満たさなくともよい』こととなったために、一般診療科の病院よりも人件費を抑えることができ、自傷他害のおそれがある精神障害者を精神科病院に強制入院させる『措置入院』の国庫負担も、５割から８割に引き上げられたことで、一般診療科と比較して精神科病院の経営が容易となった。

また、病院建設費用にも便宜が図られ、特殊法人医療金融公庫から長期低利融資を受けることができるようになり、病院建設自体も容易になった。当時は精神科病院に勤務する医師の殆どが、内科医や産婦人科医からの転身だった。精神科病院は内科や産婦人科よりも利益率のよい事業のため、医師たちは診療科を精神科に変更したのだった。宇都宮病院もこの時期（１９６1年）に内科から精神科へ事業を変更している。

精神科病院が一般診療科病院よりも少ない人員でその運営が成り立つ要因として、１９

52年に開発されたクロルプロマジンによって、薬物療法による統合失調症の治療が可能となったことが大きい。

薬物療法が行われる以前は、興奮する患者に対処するためには、拘束衣・拘束具を使用した物理的な身体拘束や、看護師等の医療従事者による対応によって対処するか或いは、電気ショック療法などのショック療法以外に方法がなく、病院の設備や職員などに対して経費がかかり病院経営上の負担となっていた。

それが、薬物療法によって患者の興奮状態を抑制することができるようになると、少ない病院職員で多数の患者の管理が可能となり、病院の運営経費が少なくて済むとともに、病床数が多いほど、利益を上げられる構造になったのである。精神科医としての実力が伴わない医師でも、精神科病院を経営することが可能な状況だったのである。

当時の日本の精神科病院の状況を、日本医師会の武見太郎会長は「精神医療は牧畜業だ」と述べているが、これは、当時の日本の精神科医療が、低レベルの医療であることを嘆いての発言だったと推察できる。

そして、ライシャワー事件の翌年に制定された精神衛生法の改正。この改正によって、行政は精神病患者の隔離を容認し、世論もこれを支持したことが、人権蹂躙《じゅうりん》の不正行為が行われる温床になったと考えられる。

宇都宮病院事件をきっかけに、国連人権委員会などの国際機関でも日本の精神保健や精神医療現場における人権蹂躙が取り上げられ、世界中から日本国政府に非難が集中した。その結果、事件から4年後の1987年には、精神衛生法の改正法である「精神保健法（現、精神保健及び精神障害者福祉に関する法律）」が成立し、精神障害者本人の意思に基づく任意入院制度や開放病棟を創設するなど、患者の処遇改善が図られた。

しかし、事件以降も5年間で23件の問題事件が確認されており、2001年でも朝倉病院事件、箕面ヶ丘病院事件などで人権侵害・不当入院措置・診療報酬不正請求が明らかとなっている。

宇都宮病院事件が起きた同じ年に、牧は日本精神科病院協会の理事に就任している。牧病院が開院して20年が経っていた。その間、牧病院は牧武院長の指導の下、「人間的に患者を疎外することなしに、のびのびと一緒に付き合いながら治療していきたい」という、患者に寄り添った全開放型療法が継続されていた。

## 二つの事件を語る（対談）

二つの事件に接して、牧は何を思ったか、牧に尋ねた。

筆者　ライシャワー事件は、犯人の少年が精神障害者であったことで、精神科医療に携わる人々は、とても大きな衝撃を受けたであろうと想像しますが、先生はいかがでしたか。

牧　ショックでしたね。牧病院は、事件を起こした犯人の青年と同じ年代で、同じ精神障害の患者さんを多数預かっていましたので、私もスタッフも皆、無言の中にも緊張感が漂っていたと記憶しています。

筆者　日本政府は、日米関係を揺るがしかねない重大事件ととらえたでしょうね。

牧　折角仲良くなったアメリカとの関係が、この事件で崩れてしまうのかと心配した日本人は多かったでしょうね。日本の精神科医療の歴史においても、ショッキングな出来事として語り継がれていますね。

筆者　この事件をきっかけに、事件の翌年に精神衛生法が改正されましたが、この改正について、先生はどのように思われましたか。

牧　折角私宅監置が禁止されて、正常な精神科医療が出来るようになったのに、治安維持を優先するために監禁が必要と変わり、逆戻りした印象を受けましたが、その反面、そうせざるを得ないのかなという気持ちもありました。

筆者　牧病院としてはどのような対応をしましたか。

牧　基本的には何も変えることはしませんでしたが、患者さんが病院から抜け出さないように、看護力を強化して、監視体制を徹底するようにしました。

筆者　精神衛生法の改正が、後に宇都宮病院事件が起きる要因になったと考えられるのですが。

牧　宇都宮病院事件は、精神科医の倫理感が問われる重大な事件でした。患者さんへの暴力や貧しい食事しか与えていなかったという、人権を無視した金儲け主義の実態を世間は知ることが無かった訳ですから、事件が明るみになったことは、意味があったと思います。

筆者　その点に関しては、牧病院ではお母さん教室などの家族療法をしていたので、病院がどのような治療をしているかが分かる状態になっていましたね。

牧　やはり患者さんの治療の実態を家族が知ることが、いずれ患者さんが家族の元に戻った後、再発を防ぎ再入院させないために必要な事だと考えていました。

筆者　宇都宮病院事件が起こった年に、先生は日本精神科病院協会（日精協）の理事に就任されていますが、日精協として何か対応されましたか。

牧　日精協の会員病院に向けて、同じような事件を起こさないように声明を出し、指導する姿勢を示しましたが、立ち入り検査などは出来なかったので、実態を把握するまでには至らなかったですね。

筆者　それはやはり強制力の無い通達ということで、限界があったということでしょうか。

牧　そうですね。この事件によって、当時の日本の精神科病院の暗部が世界に知れ渡り、批判の的になったのは、とても残念なことでした。

筆者　宇都宮病院事件は、当時の精神科医療の環境を考えると、氷山の一角で、他でも人権蹂躙的行為が行われていたと考えられますか。

牧　そうですね。程度の差こそあれ、そうした行為が行われていたことは否定できませんね。先ほど患者さんの食事の話をしましたが、牧病院では、院長の私が食べられないような食事は出さないことを原則にしていました。私はほぼ365日、朝、昼、晩の食事を、病院の食堂でスタッフや患者さんたちと一緒に食べていました。栄養士を置いて、栄養管理も徹底させていましたので、宇都宮病院の食事が、毎食たくあんと小さなおにぎりだけだったと知って、信じられなかったし、あってはならないことだと思いました。

筆者　宇都宮病院の石川院長は、患者さんが払っていた食費まで横領していたということですから、本当に考えられないです。食事の他に、患者さんと一緒に過ごしたようなことがありましたか。

牧　そうですね。患者さんと一緒にお風呂に入るとか、一緒に寝たりもしましたね。

筆者　一緒に寝たというのは、患者さんのベッドでですか。

牧　はい。ちょっと心配な患者さんがいたら、畳敷きの部屋で患者さんと私の手足をひもで結んで寝ることがありましたね。でも、私の方が熟睡してしまい、目が覚めたら、患者さんが自分でひもを解いて側に居なかったことが良くありましたね（笑）。

筆者　先生が開院当初から貫いてこられた開放療法は、大変な苦労と努力を伴うものであったろうと想像できるのですが、その点はどうでしたか。

牧　当時の光吉総婦長の強力なリーダーシップの元で、私の要求を受け入れ、働いてくれた看護師の方たちの存在は大きかったですね。特に患者さんの存在を確認するための点呼と監視には注意を払いました。英語教室や数学教室などは、患者さんの社会復帰の助けにすることを目的にしていましたが、一方で、患者さんの存在を確認するための見えない囲いという一面もありました。

筆者　教室で学んでいた患者さんに何か変化はありましたか。

牧　統合失調症の患者さんには、妄想や幻聴などの症状がありますが、ある面でとても純粋で頭の良い人もいて、皆一生懸命に勉強していましたね。

筆者　宇都宮病院では、作業療法として、患者さんに労働をさせていましたね。

牧　私が九大精神科に勤めていた時に、派遣医師として通った病院では、病棟の建設現場で重労働をさせられていた患者さんを見ましたが、こんな事をさせて良いのかなと疑問を持ちましたね。当時は、作業療法と使役の区別が曖昧だったと思います。

筆者　精神科病院では、自殺者を出さないことに最も神経を使っているのではないかと思うのですが、牧病院ではこの点について、どのような対策を講じておられましたか。

牧　開放療法を続けていくということは、自殺や離院、その他の事故との絶え間ない闘いのように思っています。開院間もない昭和38年7月に、23歳の精神分裂症（統合失調症）の青年が病院を抜け出して、近くを走る西鉄の電車に飛び込んで自殺するという事故がありました。私はこの時、たまたま外を見ていて、電車が急停止したのを目撃しました。私は「自殺だ」と直感して、スタッフと一緒に現場に駆けつけ、その青年を病院に運び、私の手で傷の縫合をしましたが、重症で命を救うことが出来ませんでした。

筆者　先生はもちろん、スタッフの方たちも相当なショックを受けたことでしょうね。

牧　そうですね。この事故に関して、早々に西日本新聞が「開放療法が仇《あだ》か」という見出しで記事にしました。記者が病院に来て、私に「開放療法でなければ自殺はしなかったのではないか」とか「閉鎖病棟にすべきではないのか」とかいろいろ聞いてきました。その時、私は「患者さんに寄り添い、看護体制を整え、今後、自殺者が出ないようにしたい」とだけ答えました。

筆者　記事の内容はどうでしたか。

牧　思いの外、批判的な論調は一切なかったですね。

筆者　先生は自殺した青年と、診察以外で触れ合うことがありましたか。

牧　はい。彼と5～6名の患者さんと一緒に散歩をしましたね。彼は石原裕次郎の「錆びたナイフ」の歌が好きで、よく口ずさんでいました。それから、彼の部屋で話を聞いたりもしましたね。彼は家族とは断絶状態でした。

筆者　この事故以降、自殺者は出ませんでしたか。

牧　残念なことですが、自殺者が7例と未遂が1例ありました。私たちはその都度、スタッフ全員で原因、予兆、防止策などについていろいろと検討しました。その結果、昭和47年以降は、そうした事故が全く見られなくなりました。

筆者　事件を報じた西日本新聞は開放療法について、かなり疑問を持った報道をしていたようですが、先生のお考えの中で、開放療法を可能にする条件とはどういうものなのでしょうか。

牧

一言でいうと「看護者の観察眼と、情報伝達のレベルを充分たかめておくこと」ではないでしょうか。牧病院では、患者さんを常に看護者の視野に入れ、15分毎の人員点呼を繰り返し、担当者の引き継ぎをきちんとすることを絶対に必要な条件としています。

その際、熟練した看護者の充分な観察と判断によって、医師の診察の場面ではとらえられなかった隠された自殺念慮や離院の企図が、事前に把握出来ることがしばしばみられました。

このような看護者の有能さは、患者さん同士の何気ない話の中から、あるいは、病棟担当看護者に洩らす言葉の中から、危険をいち早く察知して手を打つことを可能にしてくれます。

こうした意味合いから、開放管理を可能にするか否かは、最も熟練度の低い看護者が、どのレベルの看護的診断の能力を持ち得るか、ということで決まるといってもよいのではないかと私は思っています。

筆者　そのためには、看護者に対する教育や指導に時間をかける必要があるように思えますが。

牧　おっしゃる通りです。牧病院では、病棟看護師も交えて一緒に本を読んだり、勉強会を開いたりしていましたし、更に、事務職や調理場のスタッフにも朝礼に参加してもらい、その患者さんに対する接近の仕方を話し、討議して、絶えずその理念を統一しておくように努力していました。

92歳の牧は、56年前、36歳の時のライシャワー事件、そして36年前、56歳の時に起きた宇都宮病院事件を思い起こしながら、淡々と語ってくれた。

## 新館完成

1991年（平成3）4月27日。牧病院新館が完成する。28年前に移築した木造モルタル造りの本館は、地上5階、地下1階の瀟洒《しょうしゃ》なビルに生まれ変わった。

牧には「精神科の病院は、建物そのものが患者の治療に役立つものでなければならない。そのためには、患者にとって居心地の良い、開放的な環境作りが必要である」という信念があった。

新館に入って最初に目を引くのは、5階までの吹き抜けになっている中央部のロビーだ。そこには大きな木が2本植えられ、その間に、小川が流れ込む池がある。ガラス張りの天井からは自然光が差し込み、鳩のモニュメントがたくさん羽ばたいている。これは「患者さんが疲れたら、この牧病院の森で翼を休め、元気になったら、また、大空に飛んで行くように」という牧の願いを形に表したものである。

病棟の内装は、ピンク、パープル、グレーなどのパステルカラーを使い、上品で温かみのある空間に仕上がっている。また、間接照明を多用し、柔らかなムードづくりをしている。

牧病院の新館は、当時の病院としては斬新なデザインが評判を呼び、日本全国の精神病院から関係者が見学に訪れた。「こんな明るい雰囲気の精神病院を初めて見ました。まるで、ホテルみたいですね」などの感想が見学者の間から聞こえていた。

新館は2階の渡り廊下でデイケア棟のある別館につながっている。新館の病棟で注目されたのは、5階の「重症痴呆性疾患治療病棟」だった。

痴呆症は、「痴呆」という用語が侮蔑的な意味合いを含んでいることや、症状を正確に表していないという理由から、厚生労働省は2004年(平成16)12月に名称を「認知症」に改めた。認知症の治療は、現在では神経内科、精神科、

牧病院新館の外観

新館ロビーにて

新館吹き抜け

心療内科、脳外科、あるいは「もの忘れ外来」というような専門外来が受け持つのが一般的になっているが、痴呆という用語が使われ始めた１９６０年頃は、一般の内科で診察する傾向が強かった。

そうした現状の中で牧は「痴呆症は精神科で診るべきだ」と主張し、当時の厚生省に進言までしていた。

痴呆症治療病棟は鍵をかけた閉鎖病棟になっているが、各部屋には鍵はかけず、窓は鉄格子を廃し、代わりに、金属バットで叩いても割れない特殊プラスチック製にして、事故防止のため途中までしか開けられないようにしてある。

こうした病室は、当時の精神病院が入院している痴呆症の重症患者に対して、半ば当たり前のように行っていた〈患者の手足を拘束する〉という非人道的な処置を行わないための牧の配慮だった。

ちなみに、病院における入院患者の身体拘束は、1999年3月の厚生省令において禁止されたが、それ以後も拘束を続ける病院は存在していた。

アシスト桜台

1997年（平成9）3月10日。介護老人保健施設「アシスト桜台」が、牧病院に隣接する敷地に完成する。この施設にも病院新館と同様に吹き抜けのロビーがあり、放し飼いにした「相思鳥《そうしちょう》」のさわやかなさえずりが、バードセラピーの効果となって、患者の心を和ましている。

3階建ての施設は、一般30床、認知症80床の併設型で、他に訪問看護ステーションと在宅看護支援センターを置き、ショートステイとデイケアも行っている。

牧病院 30 周年記念（新館をバックに。牧は前列右から 11 番目）

２階は認知症療養室で、本館の認知症病棟で治療を受け、回復の兆しがみられるようになった患者はここに移され、在宅復帰のためのリハビリを受けている。

## 日精協副会長を務める

1991年（平成3）4月1日。牧は日本精神病院協会（日精協）副会長に就任する。日本精神病院協会（現 日本精神科病院協会）は、近代精神科医療のあるべき姿を明確にし、日本国民の精神保健の向上と精神疾患を持つ人への適切な医療・福祉の提供、精神障害者の人権の擁護と社会復帰の促進を図ることを目的として1949年（昭和24）、私立の精神科病院を中心として設立された。

牧が同協会の代議員として協会に加わったのは、1974年（昭和49）46歳の時だった。以来28年間にわたり、牧は精神科医療の改革・発展に尽力している。

牧は日精協副会長を9年間務めたが、主として医療経済委員会を担当していた。同委員会の役目は、診療報酬に関係したもので、施設基準・診療点数に関する検証を行い、毎年実施する実態調査で病院の実情を把握し、問題点や改善点を取りまとめ、厚生省（現 厚生労働省）に具申することだった。要するに、会員の精神科病院が経済的に潤うように働きかける事だった。

その他に、精神科医療等の従事者への教育指導、資質向上のための研修会の実施を行う学術研修委員会。精神保健指定医調査を毎年実施し、会員病院の状況を把握する指定医研修委員会を担当していた。学術研修では、宇都宮病院事件で問われた医師の倫理面に関する啓蒙活動が特に記憶に残っていると牧は語った。


1995年（平成7）1月17日に起きた阪神淡路大震災では、直ちに医療チームを組んで現場に駆け付けた。瓦礫の山と化した市街のなか、何とか神戸保健所まで辿り着いた牧たちは、早速、会議を開き、日精協に対する要望を取りまとめた。

2月7日には2班に分かれて実態調査を行い、3月9日には大阪よみうり文化センターで「阪神淡路大震災・心のケアについて考える」と題してフォーラムを開催するなど、精神科の医師として、出来うる限りのサポートを行った。

震災から2ヶ月後の3月20日、追い打ちをかけるように、オウム真理教による地下鉄サリン事件が起こる。大都市圏における化学兵器を利用した無差別テロ事件として世界中に大きな衝撃を与えた。死者13人、負傷者6300人。

一命を取り留めた被害者の多くは、その後の後遺症で苦しんだ。1995年は、全ての日本人の心が沈んだ1年となった。

1999年(平成11)3月4日と5日の両日、福岡シーホーク&リゾートホテルで日精協精神医学会が開かれ、牧が会長を務めた。「21世紀へのステップ―精神科医療における人、事、物の再構築」をテーマにした同学会では、来るべき21世紀に向かって、心の医療の充実のために、今我々は何をすべきかを再度熟考し、整理していきたいと白熱した論議が展開され、実り多き学会になった。

そして同年10月18日。日本精神科病院協会の創立50周年記念式典が帝国ホテルで開かれ、牧が実行委員長を務めた。執行部は全員タキシードのドレスコードで、ヒゲの殿下として親しまれていた三笠宮寛仁親王殿下、同妃殿下をお迎えした。殿下から祝辞でねぎらいの言葉をかけられた牧は「恐れ多く、我が身が引き締まる思いがした」と当時を懐かしんでいた。大役を果たした牧は翌年の2000年(平成12)3月31日、日精協の職を退任した。

# 第三章　その後の牧武

## 洋上の出会い

１９９７年（平成９）４月。69歳になった牧は、牧病院の院長職を退任。婿養子の聡に後を継がせた。妻アヤと牧の間に実子は出来なかったが、多加栄という名の養女がいた。聡は九州大学医学部精神科に勤務した後に牧病院に精神科医として勤務していた。牧は聡の医師としての実力と人間性を見込んで多加栄と結婚させた。

２００１年（平成13）４月29日。牧は、保健衛生功労者として勲四等旭日小綬章を授与される。皇居に参内し、豊明殿で平成天皇に拝謁する栄誉に浴した。牧は10年前に藍綬褒章を授与されており、２度目の叙勲だった。

それから10日程経って妻アヤが亡くなった。享年85歳だった。アヤは6年前に脳梗塞で倒れた後、寝たきりの闘病生活を送っていた。アヤが亡くなる1年前に日精協の副会長を辞任した牧は「日精協を辞めたことで、1年間、アヤに付き添い、看病が出来て良かった」と当時を振り返っていた。

アヤが亡くなって6年が過ぎ、七回忌を済ませた牧に秘書が「先生、クルーズ船で日本一周の旅をしてきてください」と言った。

牧は、仕事づくめで、プライベートの旅行などしていなかった自分を気遣って勧めてくれた秘書の好意を受け入れた。

飛鳥Ⅱ

2007年（平成19）の春だ。牧は横浜で日本籍では最大の客船「飛鳥Ⅱ」に乗船した。横浜から北上し、津軽海峡を渡って日本海を周り、九州を巡って横浜に戻るというコースだったが、牧は途中の福井港で下船し、訪れたことのない永平寺や東尋坊など、北陸の名所を辿ることにしていた。

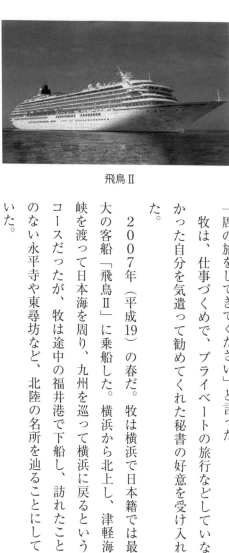

乗船して初日の晩、牧は一人で夕食を済ませると、最上階のロビーに上がった。そこでは、着飾った乗船客が社交ダンスを踊っていた。牧は一組の踊る姿に目が留まった。その踊りは、牧がかつて見たことのないラテンのダンスだった。

牧は踊っていた男性スタッフを呼び止め「何というダンスですか」と聞いてみたが、自分は日本語が話せないと言ってその場を離れ、しばらくして、一人の日本人女性を連れて戻ってきた。

英語が堪能な小森和子という名のその女性は、ダンスのインストラクターとして乗船している女友達に付き合って、自分も初めての船旅を楽しんでいた。和子は、老人の一人旅は寂しいだろうという思いからか、かつて通訳として世界中を飛び回っていた頃の珍しい体験談などを織り交ぜ、しばらくの時間、牧の話し相手をしてくれた。

牧は、自分の知らない別世界を生きてきたような和子の話に聞き入った。そして、明るく知的な和子に興味を持った牧は、和子が席を離れる時「よかったら後で私の部屋に来ませんか」と和子を誘った。牧は意外と積極的だった。

翌朝、３人で朝食を済ませると、和子は女友達と一緒に牧のスイートルームを訪れた。和子はそこでも持前のおもてなし心を発揮して、楽しくひと時を過ごした。

牧は和子に会うまで、親しく女性と話したのは、妻のアヤと病院の看護師たちぐらいだった。ドレスを着た華やかな姿の和子は、牧の目には眩しく映ったようだ。

それから3日後、牧は予定通り福井で下船し、秘書が手配してくれた旅館に泊まりながら一人旅をして福岡に戻った。牧はその間、毎日和子の携帯に電話をして、その日の旅の話をした。

牧の心を推し量るなら「私はどうやら和子に惚れたようだ」だろうか。

## 再婚

クルーズ船の旅から戻った牧は、和子の誕生日祝いに豪華な花束を贈った。すると和子から達筆な礼状が届いた。

牧は和子を福岡に来るように誘った。クルーズ船で出会った時の牧に対する和子の印象は、17歳年上の素敵なお爺さんというものでしかなかったが、牧の人柄には魅かれる想いを感じていた。和子は一人で行くのをためらい、友達を誘って二人で福岡を訪れた。牧は福岡で一番と評判のホテルに部屋を用意して二人を迎えた。

翌日、牧は二人を連れて病院を案内した。和子は牧が「私は福岡の田舎で病院の院長をしています」と自己紹介をしたのを聞いていたので、多分、古い看板を掲げた小さな病院ではないかと勝手に想像していたが、自分の想像とはかけ離れた立派な建物と吹き抜けのロビーや明るい配色を施した、モダンな作りのインテリアを見て目を見張った。

牧の自宅は病院の敷地の中にあった。1000坪の広大な敷地に数寄屋造りの母屋と、池を配した回遊式の日本庭園があった。案内された和子は、その贅沢な造りにまた驚かされた。

その晩、牧は博多の有名店に二人を案内した。玄界灘の味覚を堪能した和子は、翌日、友と二人で東京へ戻った。それからしばらくの間、二人は会うことは無かったが、連絡は取り合っていた。

2008年（平成20）4月。牧は80歳を迎えて理事長を退任し、会長に就任した。その頃から牧は右肩に痛みを感じるようになった。痛みは更に激しくなり、肩を上にあげるのが困難なまでになった。整形外科で精密検査を受けた牧は医師から「右肩腱板《けんばん》断裂症」と告げられた。このことを和子へ話すと「千葉の船橋にテレビでも紹介された整形外科の名医がいる」と教えてくれた。そこで牧は手術を受けると決め、直ぐに和子のもとへ向かった。

船橋整形外科の医師、菅谷啓之は牧の名前を知っていた。精密検査を受けたあと、菅谷から、手術をするには全身麻酔が必要と伝えられた。牧の歳で全身麻酔を受けるのは、生命の危険を伴うことを牧は知っていたが、和子が保証人になると言ってくれて、手術を決断した。

手術は無事成功し、1週間後に退院した。その間、和子は仕事を休み、近くのホテルに滞在して牧の看病をした。

退院後、牧はしばらくの間、和子の自宅で過ごした。牧は、大きな球体の医療具で腕を固定していた。和子は牧のために料理を作り、身の回りの世話をした。牧は和子を愛おしく思った。そして、和子との結婚を決意した。

2011年（平成23）3月。牧は医療法人牧和会を退職し、名誉会長となる。

その年の8月。牧と和子はバリ島へ旅立った。牧は和子に、バリ島で結婚式を挙げることを伝えていなかった。バリ島のブルガリ・リゾート・バリに宿をとった牧は、その晩の夕食の時、初めて和子に「ここで結婚式を挙げるよ」と言った。

和子は、牧が時々放つ冗談と一瞬思ったが、優しい微笑を浮かべながら、和子の手をしっかり握る牧を見て、和子はうなずいた。

牧は、結婚式を8月15日と決めていた。海軍兵学校で玉音放送を聞いた牧には、決して

2人の結婚式（バリ島の「ブルガリ リゾート バリ」にて）

忘れることのない日であったからだった。

牧は和子に黙って白のタキシードを用意していたが、何も知らない和子は、レンタルのウエディングドレスを着て神父の前に立った。祝福してくれる友人も親戚もいない、二人だけの結婚式だった。

和子は神父から手渡された結婚証明書にサインする時、手が震えて止まらなかった。

二人の前には、南太平洋の海が眩しく光っていた。

## 心の悩み無料相談室

２０１７年（平成29）８月。牧は福岡の自宅を引き払い、和子の住む埼玉県川口市鳩ヶ谷のマンションに移った。鳩ヶ谷は江戸時代、日光御成道の宿場町だった。御成道は、将軍の日光東照宮参拝の折にこの道を通ったことからその名前が付けられた。和子の住むマンションは、その御成道沿いに建っている。

高台に建つマンションからは１８０度の展望が見渡され、夜になると、遠くに東京のビル街の夜景が見える。

太平洋戦争の終戦間際には、空襲を受けることのない安全な地域として、皇居をこの地に移す計画が立てられたというが、この史実を知る人は少ない。

かつては、交通の便が悪く「陸の孤島」と呼ばれていたが、埼玉高速鉄道が出来てからは、御成道沿いにも多数のマンションが立ち並ぶようになり、町の風景が様変わりした。

牧は鳩ヶ谷に移り住んでから、精神科の医師として、かつて福岡で開いていた心療クリニックのような形で、地域住民の役に立てることが出来ないかと考えていた。その話を近くの薬局で話したところ、店主が「部屋が一つ空いているので、良かったら使ってください」と言ってくれた。

牧は早速白衣と聴診器を買い揃え、チラシも作って、無料で心の悩みを受けつける相談室を週1回の間隔で開いた。薬局側も、薬を取に来る顔馴染みの客に声をかけるなど、牧に協力してくれた。

相談室には、心療内科に行くほどでもないが、先の見えない介護に明け暮れる不安、認知症を患った配偶者と関わる悩み、登校拒否の子供と暮らす辛さ、うつ病の夫との悶々とした日々などなど、一見穏やかで平和そうなこの町でも、それぞれが目に入ったまつ毛のような痛みを抱えながら生きている人がいると牧は思った。

# 心の悩み無料相談室

家族にも、知人にも言えない、
でもだれかに聞いて欲しい。
そんなお悩みお持ちではありませんか。

認知症、うつ病の方を家族にお持ちの方、
対人関係の悩み、夫、妻への不満、将来への不安、
自分の性格や行動の悩み、などなど、

キャリア60年の精神科医が
あなたの心に寄り添います。

お話のお相手
**牧 武**（まき たけし）

医学博士・精神科専門医
日本精神病院協会名誉副会長
医療法人牧和会名誉会長
「心の電話相談」を20年務める

**診療時間**
毎週木曜日
午後 2時・3時
各40分

**診療場所・受付予約**
昭和橋坂下薬局
川口市坂下町 1-1-7
048-281-8193

心の悩み無料相談室のチラシ

# エピローグ

牧は、80歳で社交ダンスを始めた。今は、和子と二人で週2回、北千住にある社交ダンス教室に欠かさず通っている。足腰に多少の不安はあるものの、背筋が伸びた姿勢の良さは、92歳になっても変わっていない。

二人は年に数回、ダンス教室がホテルで開くダンスパーティーのデモンストレーションで、日頃の成果を披露している。その中で、テレビドラマ「坂の上の雲」のテーマ音楽をバックに、教室の正藤隆史・智子両講師と牧夫妻の4人で踊った時は、海軍兵学校時代を彷彿とさせる純白の軍服を着た牧の姿が凛々しく映った。

牧は勝気な和子を「ドーベルマンのような女性です」と、冗談半分に言ったことがある。

ドーベルマンは非常に頭が良く、飼い主に対しては従順で、強い忠誠心と忍耐力を持つが、家族以外の人間や他の犬に対しては警戒心が極めて強く、攻撃的になり易い側面を

ダンスの発表会で踊る牧

持っている。

かつてドーベルマンを飼っていたことのある牧は、この犬の性格と和子のそれを重ね合わせたのかもしれない。しかし、牧は「そんな和子が私は好きなんです」とのろけていた。

ある時牧に「夫婦円満の秘訣は何ですか」と聞いてみた。牧は即座に「非勝三原則を守ることですよ」と答えてくれた。非核三原則をもじったものだと察しがついたが、意味が解らず尋ねると、

「それは、
一、決して戦おうとしない
二、決して勝とうとしない
三、まける努力をする
ということですよ」

と、優しい笑顔で答えてくれた。なるほど、と胸に落ちた。

医師の世界に「病気を診るな、人を診ろ」という格言がある。精神科医牧武は、正にこの言葉を頑なに実践してきた男であった。

完

# あとがき

精神科医牧武の伝記を書き終えて思ったことは「男のロマン」であり、「心の病」に真摯に向き合って治療することの難しさだった。

牧は戦前戦後の混乱期に、食べる物のない空腹の日々を送りながら自分の生きる道を定め、目標に向かってただひたすらに勉学し、その目標を一つひとつ達成していった。旧制中学校から海軍兵学校を経て、ナンバースクールと言われた旧制高等学校へ進むという、当時の限られたエリートだけに与えられた道を着実に歩んできた。

海軍兵学校は、４ヶ月余りの短い期間であったが、戦地で命を落とす覚悟を背負いながら、厳しい訓練と規則正しい生活を送る中で培った精神はその後の牧の人生において、困難な局面を乗り切る原動力になったと思える。

牧は精神科医として着実に歩みを進める中で、賢明な人々と出会い協力を得てきた。彼らは牧の人間性に惚れ込み、「この男のためなら」という掛け値なしの思いで接していた。
それは、牧武の人間力によるものであることは確かである。

日本における精神科治療の現状は、驚くべき事態になっている。
2017年の厚労省調査によると、精神疾患による入院患者数は28万人。その内1年以上の入院患者数は6割の17万人、5年以上は3割の9万人もいる。全体の平均在院日数においては、日本は298日で、OECD（経済協力開発機構）平均の36日からは大きくかけ離れている。更に全世界の精神科病床数200万床のうち、日本は35万床と、世界の6分の1を占め、ダントツの世界一である。

先進国と比べて日本の精神科の病床数は、人口に対して世界で最も多く、入院期間も最も長い。先進諸外国が精神科病院を減らし、患者が地域で安心して暮らせるような制度を推進しているのに対し、日本の精神科医療はまだ入院という方法に頼っている。

OECDは2009年「患者を入院させたままにすることは病院収入を増やす簡単な方法である」と指摘している。日本の精神科病院の現状がこの指摘通りであるならば、何とも情けなく思えてくる。

「患者に寄り添った、患者中心の治療を施し、一日も早く患者を退院させ、社会に復帰させる」という牧の信念とは逆行している現在の日本の精神医療の実態を、牧はどう思うだろうか。

牧は92歳になった今も、その明晰な頭脳と探究心は衰えを見せていない。そんな牧にもう一度現場に復帰してもらい、今の日本の精神科医療が抱える問題に意見し、改革の旗を振って欲しいと叶わぬ願いを持つのである。

最後に、執筆に当たり、監修とご助言を頂いた竹内浩氏、並びに出版・編集を担当していただいた森下駿亮氏に御礼を申し上げます。

# 牧武　略歴

| 西暦（年号） | 日付 | 満年齢 | 主な出来事 |
|---|---|---|---|
| 1928年（昭和3） | 1月16日 | | 大分県中津市で生まれる |
| 1934年（昭和9） | 4月 | 6歳 | 尋常小学校に入学 |
| 1941年（昭和16） | 4月 | 13歳 | 大分県立中津中学校に入学 |
| 1945年（昭和20） | 4月 | 17歳 | 海軍兵学校舞鶴分校に入学 |
| 1946年（昭和21） | 4月 | 18歳 | 旧制第七高等学校に入学 |
| 1950年（昭和25） | 4月 | 22歳 | 熊本大学医学部に入学 |
| 1956年（昭和31） | 4月 | 28歳 | 九州大学医学部大学院に入学<br>同医学部精神神経科に勤務 |
| 1960年（昭和35） | 3月<br>4月 | 32歳 | 医学博士<br>九州大学医学部文部教官 |

| | | | |
|---|---|---|---|
| 1961年（昭和36） | 4月 | 33歳 | 九州大学医学部精神神経科外来医長 |
| 1962年（昭和37） | 4月 | 34歳 | 九州大学医学部精神神経科病棟医長 |
| 1963年（昭和38） | 5月10日 | 35歳 | 牧病院開院。同院長就任 |
| 1971年（昭和46） | 12月 | 43歳 | 福岡牧心療クリニック開設 |
| 1974年（昭和49） | 4月1日 | 46歳 | 日本精神科病院協会代議員 |
| 1978年（昭和53） | 4月1日 | 50歳 | 日本精神科病院協会医療経済委員 |
| 1979年（昭和54） | 12月25日 | 51歳 | 福岡県精神保健財団設立。専務理事就任 |
| 1980年（昭和55） | 1月 | 52歳 | 医療法人牧和会牧病院に名称変更<br>同理事長就任 |
| 1981年（昭和56） | 9月25日 | 53歳 | 「心の電話—福岡」開設 |
| 1983年（昭和58） | 4月1日 | 55歳 | 日本精神科病院協会理事 |
| 1986年（昭和61） | 4月1日 | 58歳 | 福岡県医師会精神保健委員会委員 |

| | | | |
|---|---|---|---|
| 1988年（昭和63） | 4月 | 60歳 | 日本精神科病院協会常務理事<br>福岡県精神科病院協会会長 |
| 1991年（平成3） | 4月1日<br>29日 | 63歳 | 日本精神科病院協会副会長（以後、9年間在任）<br>藍綬褒章（保健衛生功績） |
| 1995年（平成7） | 6月1日 | 67歳 | 財団法人福岡県精神保健財団理事長 |
| 1998年（平成10） | 4月1日 | 70歳 | 第27回日本精神科病院協会精神医学会会長 |
| 2001年（平成13） | 4月29日 | 73歳 | 勲四等旭日小綬章（保健衛生功労） |
| 2008年（平成20） | 4月1日 | 80歳 | 医療法人牧和会牧病院会長 |
| 2011年（平成23） | 3月31日 | 83歳 | 医療法人牧和会退職。名誉会長就任 |
| 2017年（平成29） | 8月 | 89歳 | 心の悩み無料相談室開設 |

〈著者プロフィール〉

**梅根　要**（うめね　かなめ）

1950年（昭和25）埼玉県川口市生まれ。

1973年（昭和48）米国ロサンゼルスに移住。

1974年（昭和49）大阪朝日放送系列のラジオ・テレビ放送局、朝日ホームキャストに入社。報道部・アナウンス部に所属。

1980年（昭和55）報道部部長。

1987年（昭和62）同社退社。フリーランスに転向。

米国企業の日本市場向けＰＶの日本語吹き替え、プロデュースを行う傍ら、ロサンゼルスの日系人向け情報誌にエッセイを連載。

**【評伝《ひょうでん》】開放療法《かいほうりょうほう》のパイオニア　精神《せいしん》科《か》医《い》　牧《まき》　武《たけし》**

初版　2021年2月1日発行

著　者　梅根　要

発行者　田村志朗

発行所　㈱梓書院

〒812-0044 福岡市博多区千代 3-2-1

tel 092-643-7075　fax 092-643-7095

印刷・製本 / 亜細亜印刷



ISBN978-4-87035-706-8